藝文類聚金石書畫館　編

嚼雪廬自玩竹刻

外三種

浙江人民美術出版社

圖書在版編目（CIP）數據

嚼雪廬自玩竹刻：外三種 / 藝文類聚金石書畫館編
. -- 杭州：浙江人民美術出版社，2023.7

ISBN 978-7-5340-8174-3

Ⅰ. ①嚼… Ⅱ. ①藝… Ⅲ. ①竹刻－中國－民國－圖集 Ⅳ. ① K879.32

中國版本圖書館 CIP 數據核字（2020）第 073284 號

嚼雪廬自玩竹刻：外三種

藝文類聚金石書畫館　編

責任編輯：霍西勝
文字編輯：楊雨瑶
責任校對：余雅汝
責任印製：陳柏榮

出版發行　浙江人民美術出版社
地　　址　杭州市體育場路 347 號
經　　銷　全國各地新華書店
製　　版　浙江時代出版服務有限公司
印　　刷　杭州捷派印務有限公司
開　　本　787mm × 1092mm　1/16
印　　張　12
字　　數　97 千字
版　　次　2023 年 7 月第 1 版
印　　次　2023 年 7 月第 1 次印刷
書　　號　ISBN 978-7-5340-8174-3
定　　價　120.00 圓

出版說明

《嚼雪廬自玩竹刻(外三種)》共收録民國時期有關竹刻的圖像文獻四種，分別爲《嚼雪廬自玩竹刻》《張志魚刻竹製印》《刻竹治印無師自通》以及《可讀廬刻竹拓本》。

《嚼雪廬自玩竹刻》，李錫卿編纂。李錫卿生平不詳，據書前自序可知，李氏約生於光緒八年(一八八二)前後，所謂「將所藏選擇二三，印成小册，分貽友好，以作余夫婦花甲紀年之品」；據浙江圖書館所藏本扉頁上字跡可知，一九五〇年春其尚在世；據石建邦先生《〈嚼雪廬自玩竹刻〉題記》一文可知，其卒於一九五七年以前；又據石先生文章可知，其「或許還是寧波望族小港李氏的成員，亦未可知」。另外，其齋號除「嚼雪廬」外，尚有「竹藏樓」「五岳研齋」等。李錫卿酷嗜竹刻，以至友人戲以「飯泡粥」(「粥」與「竹」音近)稱之。其喜愛刻竹藝術之深、收藏刻竹作品之精，王世襄先生也頗感佩服，在著録其藏品後喟歎道：「李氏乃一耽愛竹刻鑒藏家，不可不記。」(《此君經眼録》)《嚼雪廬自玩竹刻》乃精選其「每一摩挲，聊自賞心娱志」的收藏佳品，刊印出版的圖録。

《張志魚刻竹製印》，張志魚編纂。張志魚(又作「志漁」，一八九三—一九六一)，字瘦梅，號通玄，北京人。善書畫、治印，精於竹刻，能將名人書畫縮刻於竹刻扇骨上而不失原作精神，時人譽爲「近代北京刻竹第一高手」。《張志魚刻竹製印》一書，可視作張氏刻竹作品集。書中多數篇幅爲竹刻拓片，而所刻内容則多爲當時書畫家的字畫。其中，僅兩頁爲張氏篆刻作品。除刻竹及治印作品外，書中還收録了當時名流如朱益藩、鄭孝胥、劉春霖及袁克文等揄揚張氏藝術造詣之文字墨跡，也極爲可觀。

《刻竹治印無師自通》，亦爲張志魚編纂。在該書中，張氏主要講授了刻竹、治印技法，其中第一部分即講述刻竹。在技法講解之餘，書中也刊布了張氏大量作品，不過需要指出的是，書中文字内容頗多錯訛，尤其是《歷代竹人小傳》部分撰寫極其不嚴謹，而《辭海》編撰者因襲其説，遂對後世刻竹研究造成了頗多困擾，故王世襄先生斥之「淺陋無知」。惟書中所列張氏竹刻作品以及所講解刻竹技法，尚有可取之處，仍具參考價值。

《可讀廬刻竹拓本》，金紹堂、金紹坊編纂。紹堂（一八八〇—一九六五），字仲廉，號東溪，浙江吴興（今屬湖州）人。紹坊（一八九〇—一九七八），字季言，號西厓，乃東溪之弟。二人刻竹融筆墨趣味於刻刀間，塤篪相和，在二十世紀刻竹藝術史上有著突出地位。《可讀廬刻竹拓本》爲二人早年刻竹作品之合集，分爲「東溪刻竹」和「西厓鍥簡」兩部分，是瞭解二人早年藝術歷程的重要資料。另外，書中還收有吴昌碩、朱祖謀、褚德彝等人品鑒墨跡，也極爲珍貴。

此次影印出版《嚼雪廬自玩竹刻（外三種）》一書，《嚼雪廬自玩竹刻》以浙江圖書館所藏民國三十年（一九四一）版爲底本，《張志魚刻竹製印》以上海圖書館所藏民國二十一年（一九三二）版爲底本，《刻竹治印無師自通》以上海圖書館所藏民國三十年（一九四一）版爲底本，《可讀廬刻竹拓本》以浙江圖書館所藏民國十三年（一九二四）大東書局所刊本爲底本。需要説明的是，爲了保持文獻的完整，出版過程中對其中存在問題的部分未作處理，望讀者稍加留意。

藝文類聚金石書畫館

二〇二三年五月

目録

嚼雪廬自玩竹刻

題庭先生畫存

庚寅春 李鴻題

余生平無他玩好惟愛竹刻然所得不精蓋託興於此不專務搜求每一摩挲聊自賞心娛志而已忝日月居諸歲不我與今垂垂老矣內子亦年屆花甲中秋節後一日爲其設帨之辰子女咸欲稱壽余以時値國難不可舉觴內子頗韙余言惟念其來歸於余歷數十年勤儉持家茲逢周甲不可不有所紀念且內子與余有同好每得一竹刻共相欣賞興復不淺爰將所藏選擇二三印成小册分貽友好以作余夫婦花甲紀念之品此蓋與影印傳世者義不同也裝既成漫誌數言大雅勿嗤辛巳仲秋之月嚼雪廬主人時客滬上

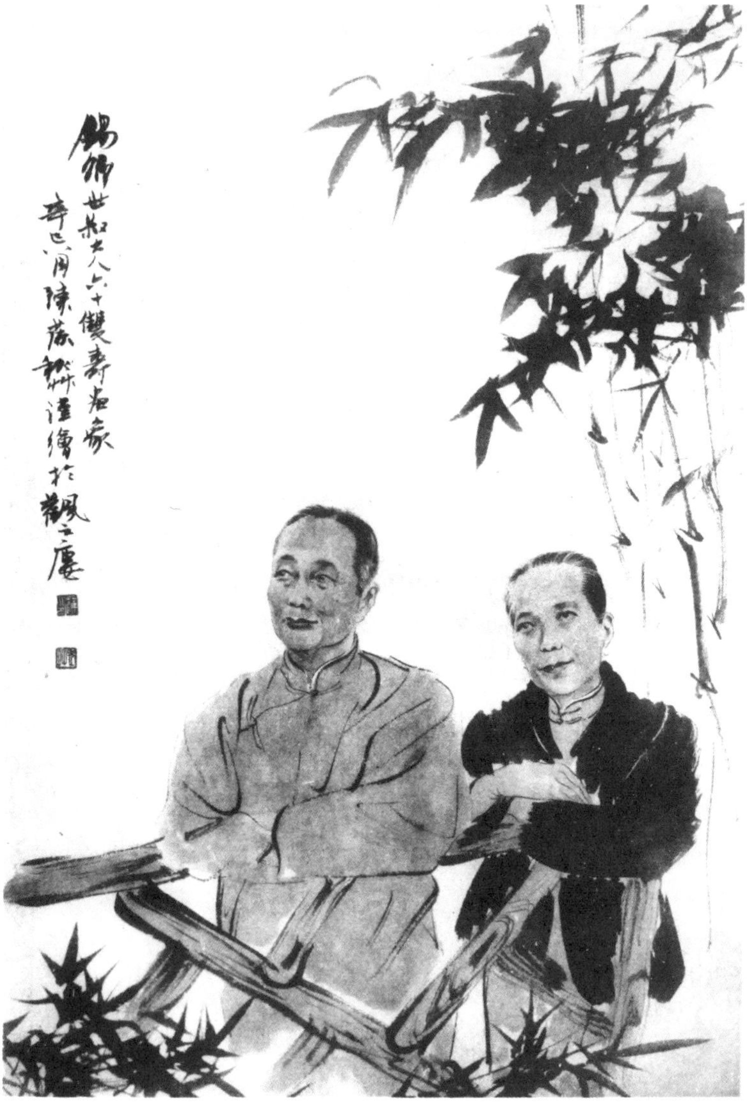

明 黄楊如意

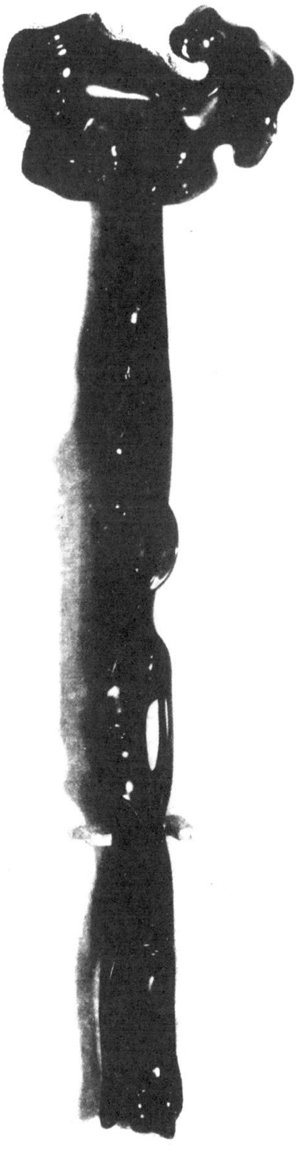

明 香木筆海

明 沈大生刻竹筆海

封錫爵雕白菜式竹筆筒

張詩般刻

吳之璠刻

桐陰坐月

赤壁夜遊

小橋流水接孤村
徐格基刻

竹林七賢「敬刻」

和合大竹山

嚼雪盧自玩竹刻

雕竹福壽洗

和合大竹山

雕竹福壽洗

顧宗玉雕百壽竹山

封三小姐雕劉海戲蟾

吳之璠雕佛手

原樹根筆海

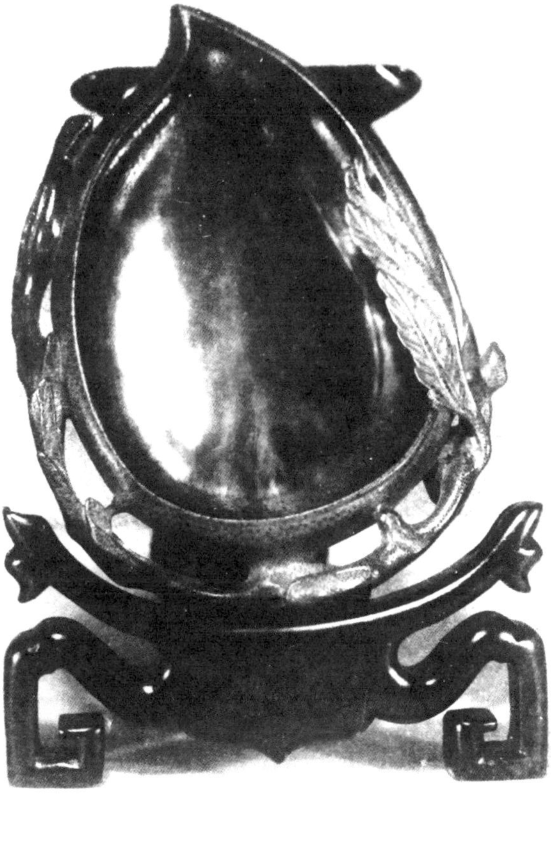

桃式竹筆洗

方絜字矩平刻

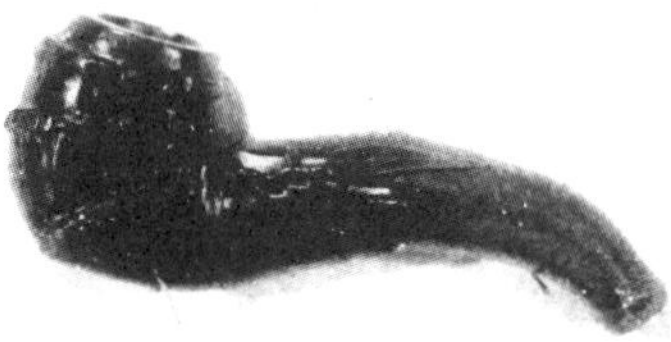

周義雕黃楊竹根式煙嘴

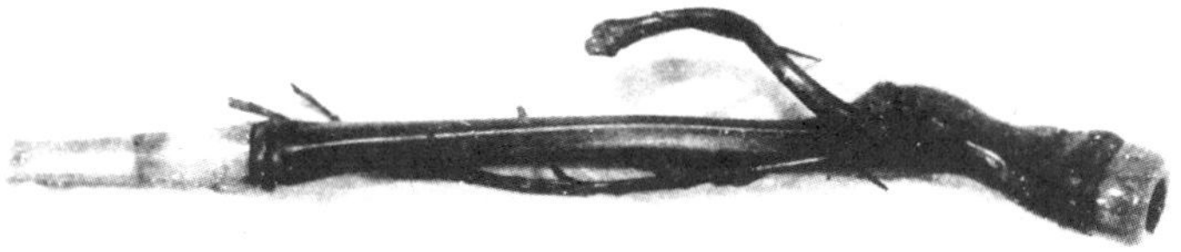

原竹枝煙嘴

雨花台竹根石

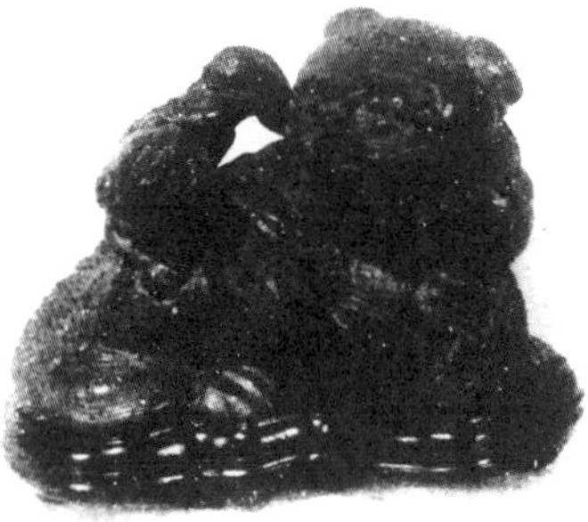

竹根雕太師少師

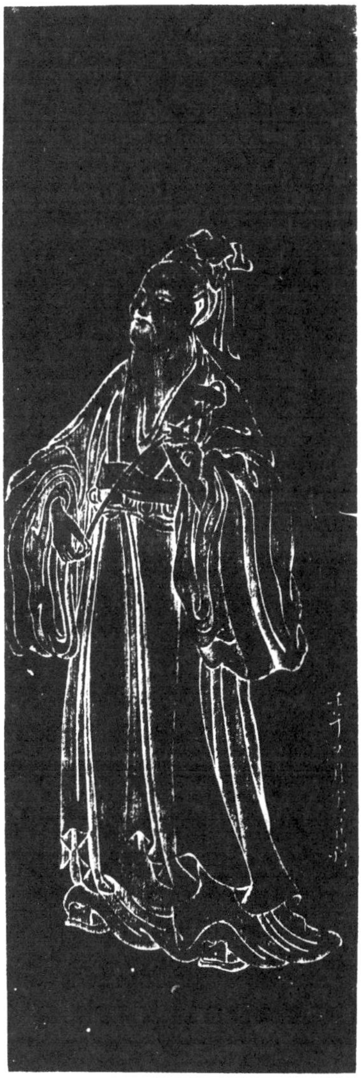

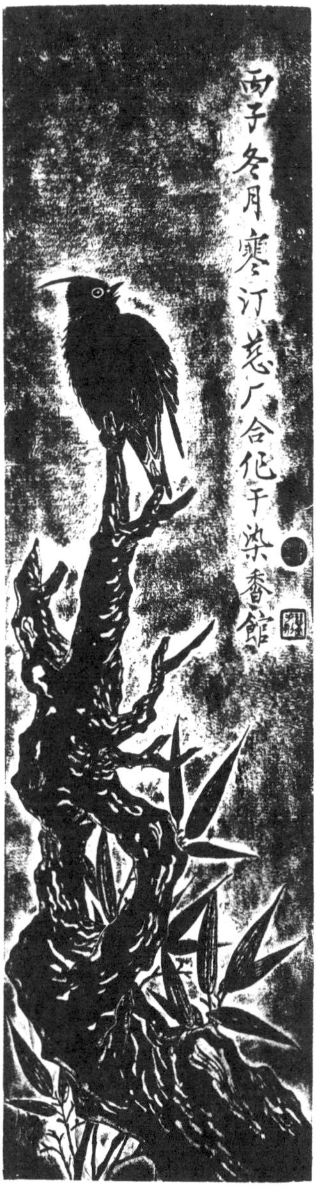
丙子冬月寒汀慈厂合作于染香館

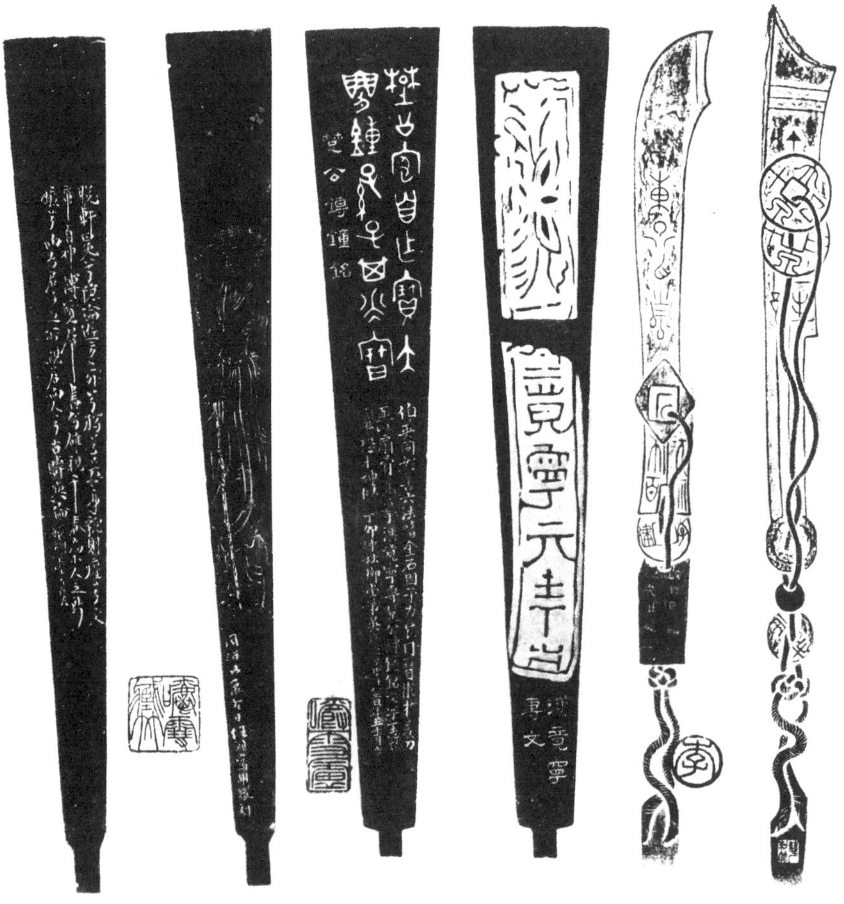

内者樂臥重一斤十四兩甾
秋一剪月二分清
風來思故人
金石同壽

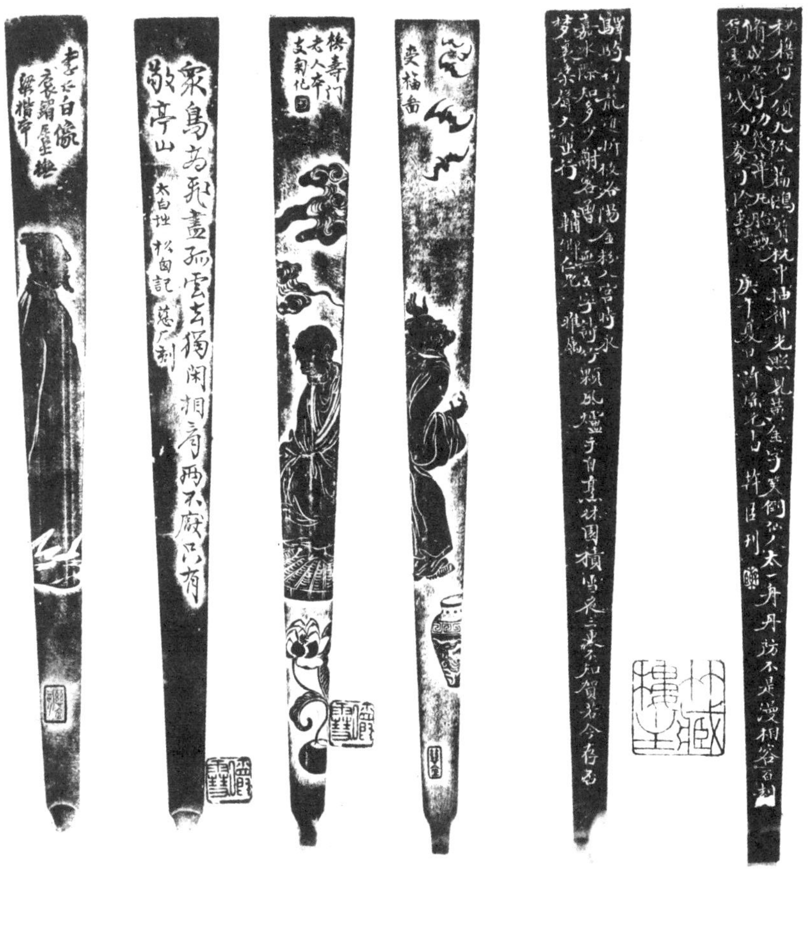

唐子畏三友圖
庚辰春湖帆擬寫

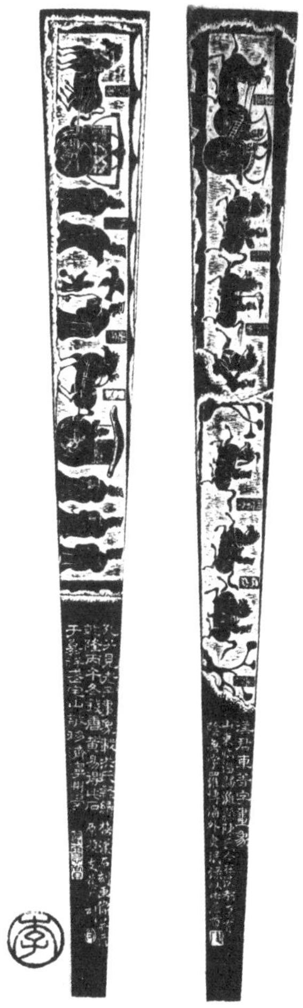

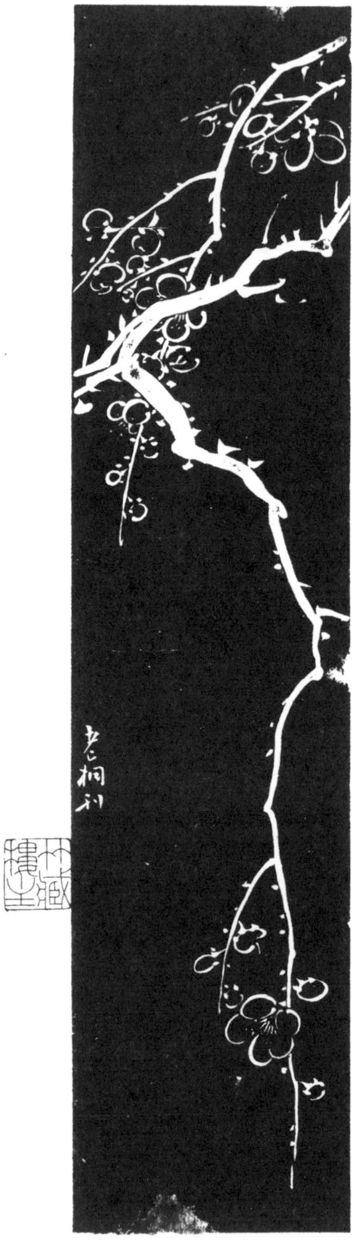
老桐刻

竹谷山人楊謙書刻後赤壁圖

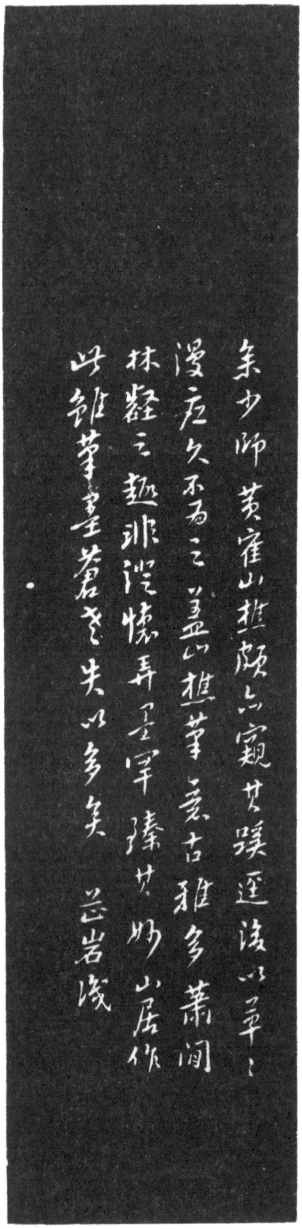
余少師黃鶴山樵頗亦窺其蹊逕後以草草
漫應久不爲之 蓋山樵筆意古雅多蕭閒
林壑之趣非泛泛弄墨罕臻其妙 山居作
此雖筆墨蒼蒼失以多矣 苾岩識

西湖三面環山中涵綠水松排青嶂芳滿平堤泛舟
湖中迴環瞻視水光山色競秀爭奇柳岸花汀
參差掩映兩高峰銜翠露月印波心畫舫徐牽菱
歌晚度遊人從在畫圖中也

東坡居士識

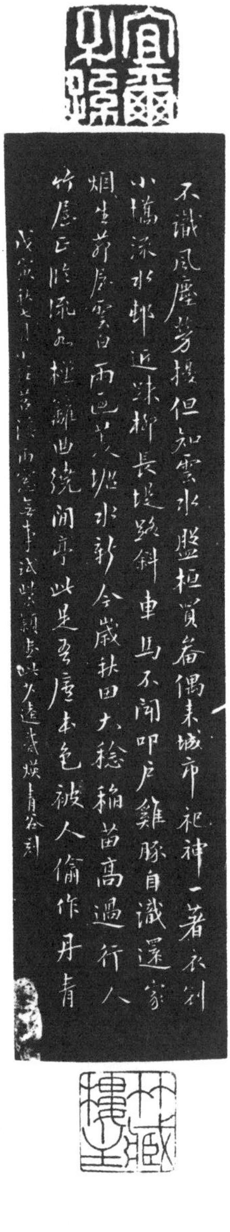

東坡笠屐圖贊

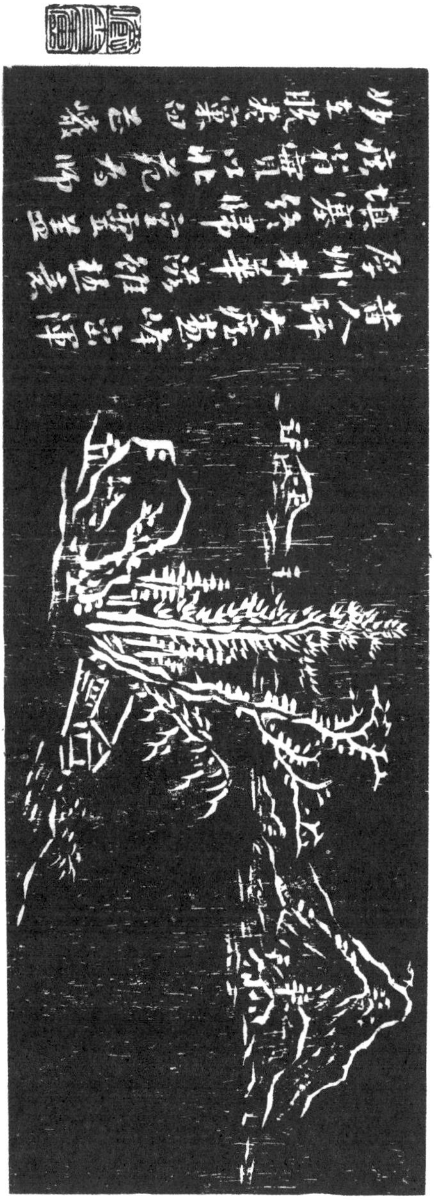

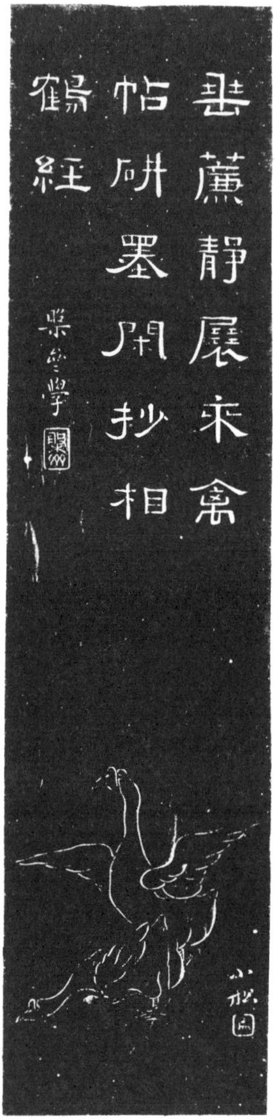
琴薦靜展來禽
帖研墨閑抄相
鶴經
柴竺學
小松

竹筆洗

雕竹蟠松小水盂

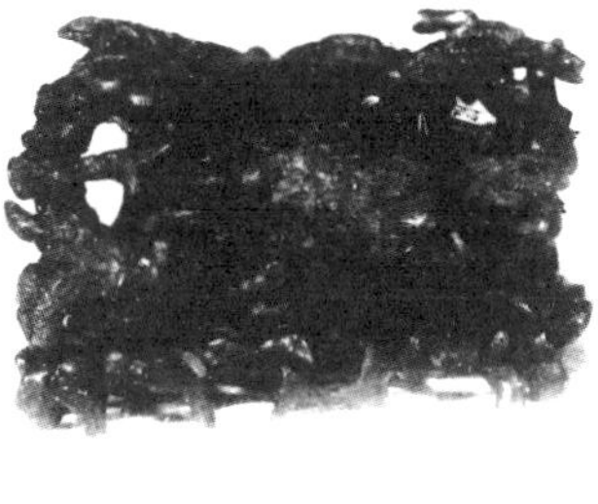

張志魚刻竹製印

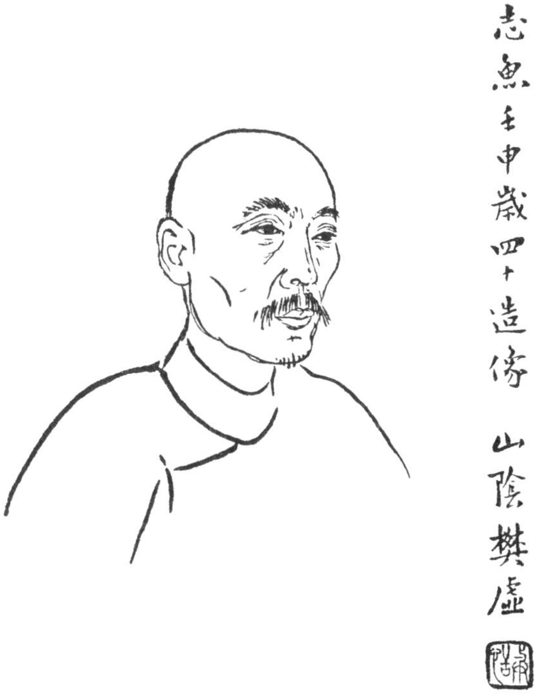
志魚壬申歲四十造像
山陰樊虛

近因函索潤格拓樣日必數起爰藉述經過用告世之愛好斯道者魚幼觀竹人錄雕鏤藝術諸書刻竹始于宋盛于明清代作者嘉定爲最江北無聞焉爲之終日默默思欲于北方闢一蹊徑惟苦無門諸戚友無通此藝者魚時又未游南方於是嚮壁虛造實始于壬子歲也事緣前三歲學治印因觀市售竹扇骨刻法乏雅因以治印之刀修補之三年兢兢稍有進步然皆魚一手爲之間有合作亦如晨星而已戊午始試實雕是歲供職參戰處暇則以摶泉拓本摹刻箋邊之上沙地陽雕由此始時懸潤於秀文齋藉訪通家以求切磋指教癸亥春由陳師曾續壽石工書師曾由滬來函提倡箋邊書畫厥後時賢爭效致有今日之盛甲子悟得留青法是歲由楊靜記定製素皮邊數百柄厥後每歲有此種者實由此始乙丑創制湘妃補花綠竹蘭軒由滬寄來湘妃骨多柄因皮劃傷廉價出售因而試補梅枝其後始有效而爲之者一隅三反心亦獨苦蓋刻印制竹各有其難迨丙寅歲仿效古人撥蠟法制銅印紐多種時有王永海者手術精良以石牙紐之精者命其改爲銅紐近創制象牙套印方由三分及一寸共四種內藏四印八印十二印十六印用之適宜佩之觀美價以大小爲定今擇取二十年來所刻扇骨拓片三千餘分印痕萬餘方分集影印就正海內賢達每集定價一元五角計印痕一葉扇骨廿餘事就中書畫均時賢精品也書畫均夠立幅章法茲值書成特此奉告另製印泥數種每兩二元四元六元八元別具仿單

壬申正月北平張志魚瘦梅謹啟　寓北平宣武門外前青廠四十號

辛未大寒北平張志魚刻

雅泉仁兄大雅
属正 待秋吳徵

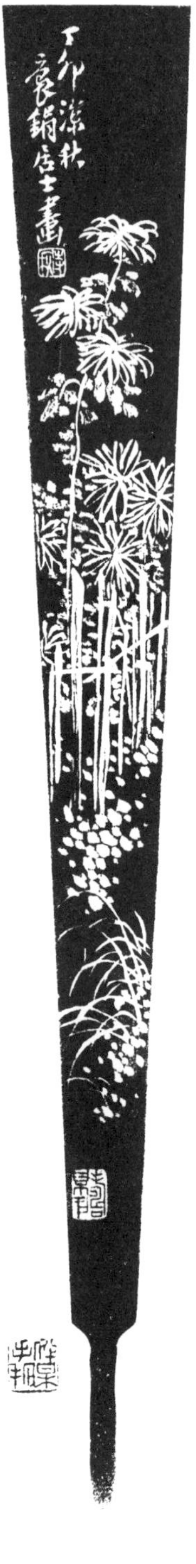
丁卯深秋
褒鋤居士畫

張君瘦梅分其餘技以刻竹製印
擅名一時昔東坡謂少游此人不可
使閒遂兼百技吾於張君亦云然

辛未中伏朱益藩

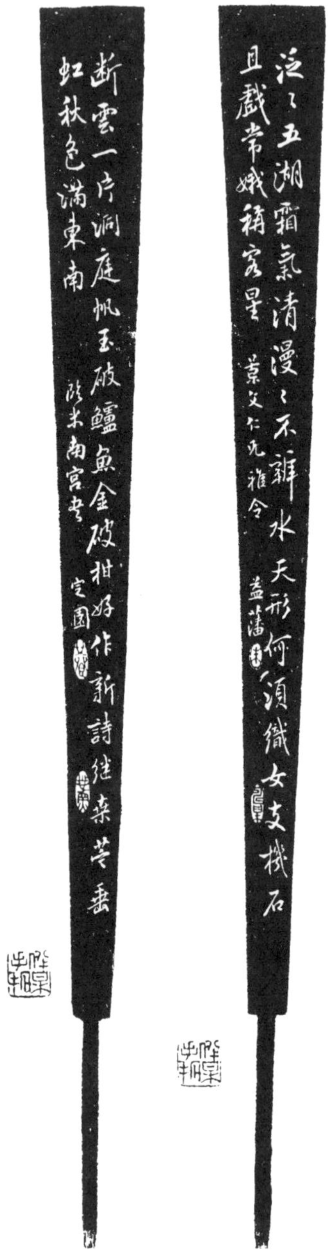
泛泛五湖霜氣清漫漫不辨水天形何須織女支機石
且戲常娥稱客星
景文仁兄雅令
斷雲一片洞庭帆玉破鱸魚金破柑好作新詩繼桑苧垂
虹秋色滿東南
臨米南宮書
定園

刻竹之技始於江浙北方無能為者究乎
張瘦梅君獨擅此藝而又自出新意創為
留青淺琱及湘竹補花諸品精妙絕倫殆
為南派所不遠他日有增編竹人錄者瘦梅
必為北派之祖矣刻印亦師秦漢性有巧思日
進未已吾惡能測其所至耶庚午二月孝胥

是以前漢小學字多瑋字非獨制異
乃共曉難也

暨乎後漢小學轉緣複文隱訓臧否
大半
徠字第三十九 孝胥

妙機其微得未曾有焉
濂子冥合為一手
泰十八翁宗仰書

張志魚刻竹製印

秋後風光雨後山滿城流水碧潺〻煙霞好處無

鼓刀呂望未成翁東閣韜鈐市井中
學就屠龍無處用且將餘技試雕蟲
棘端楮葉足奇誇妙手元同造化參佗
日竹人重作傳北方第一寄斯盧
瘦梅先生善書畫精治印鐫竹尤為絕藝春
秋方壯隱于燕市出示此冊為題小詩呈
正
辛未嘉平月肅甯劉春霖并識

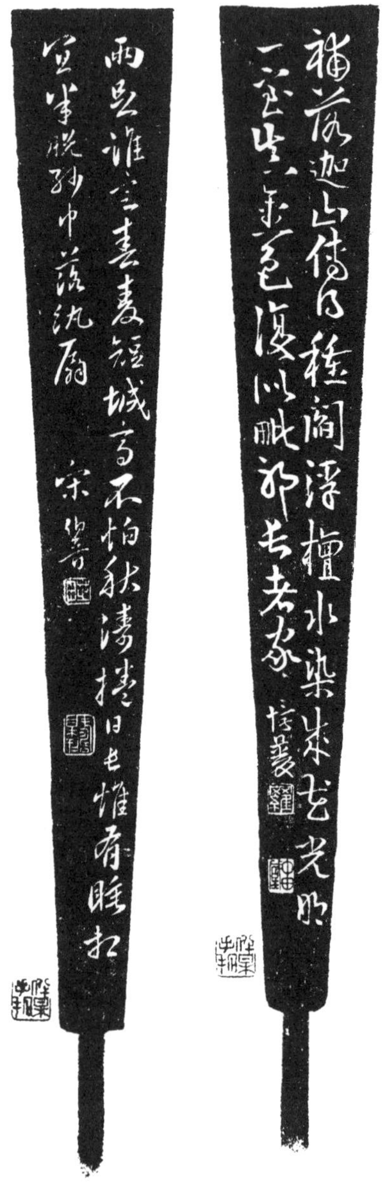

張志魚刻竹製印

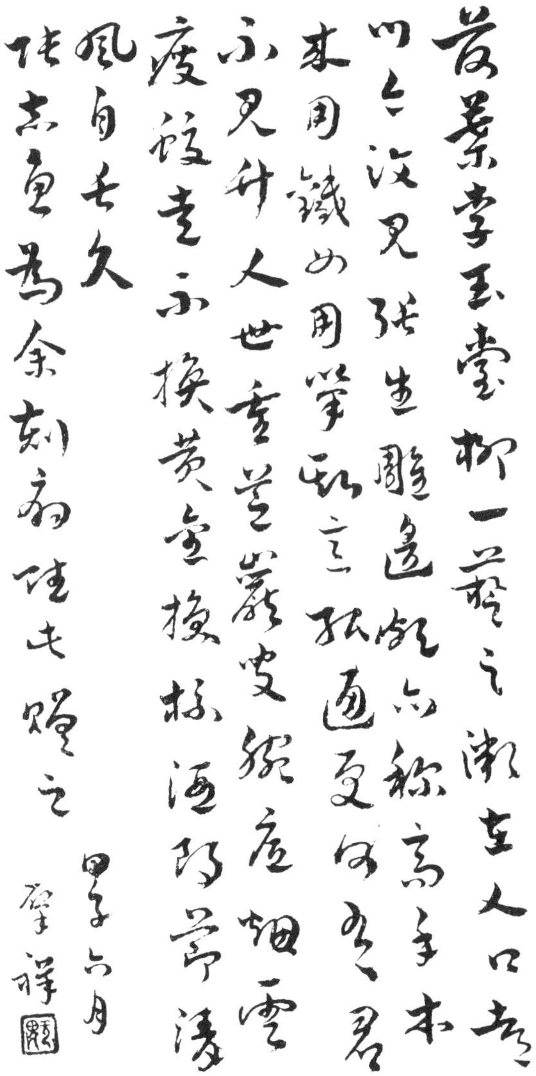

必有可觀

張生志魚工治印，尤善刻竹，能為人所不能為，為人所不敢為。它日有作北方竹人傳者，當以志魚始。庚午三月洹上袁克文

張志魚刻竹製印

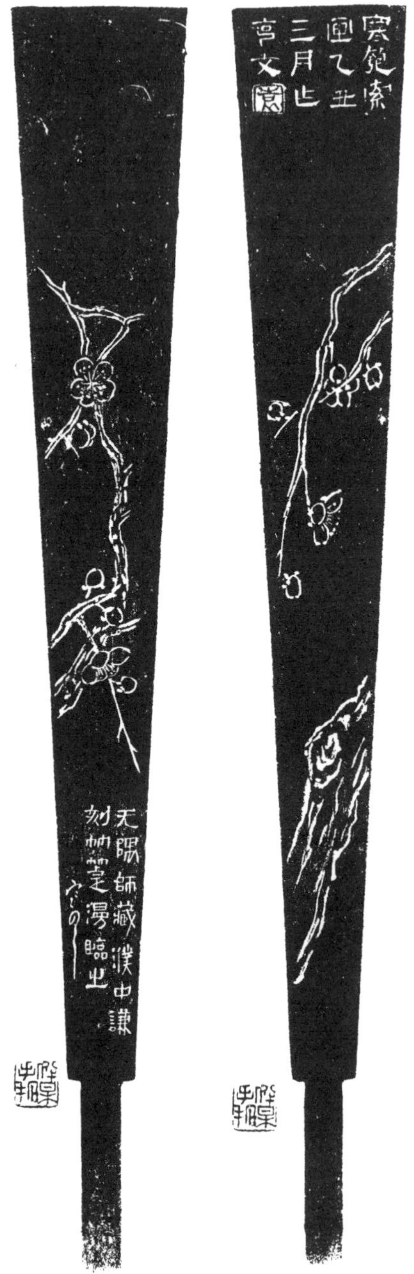

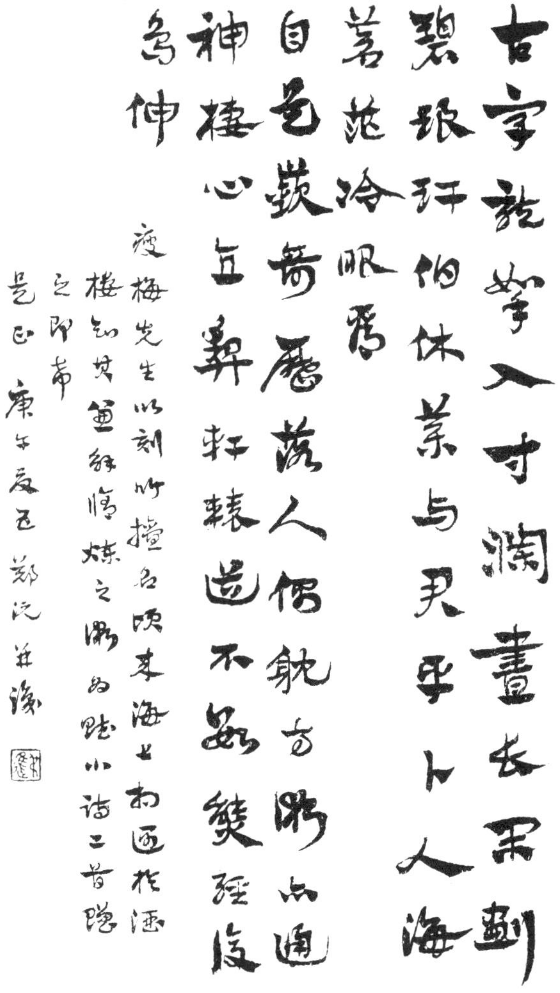

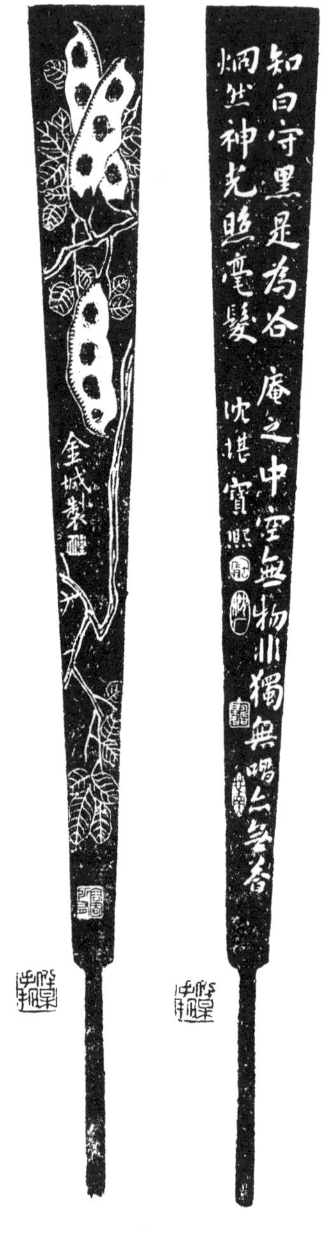
知白守黑是為谷
烱然神光照毫髮
金城製

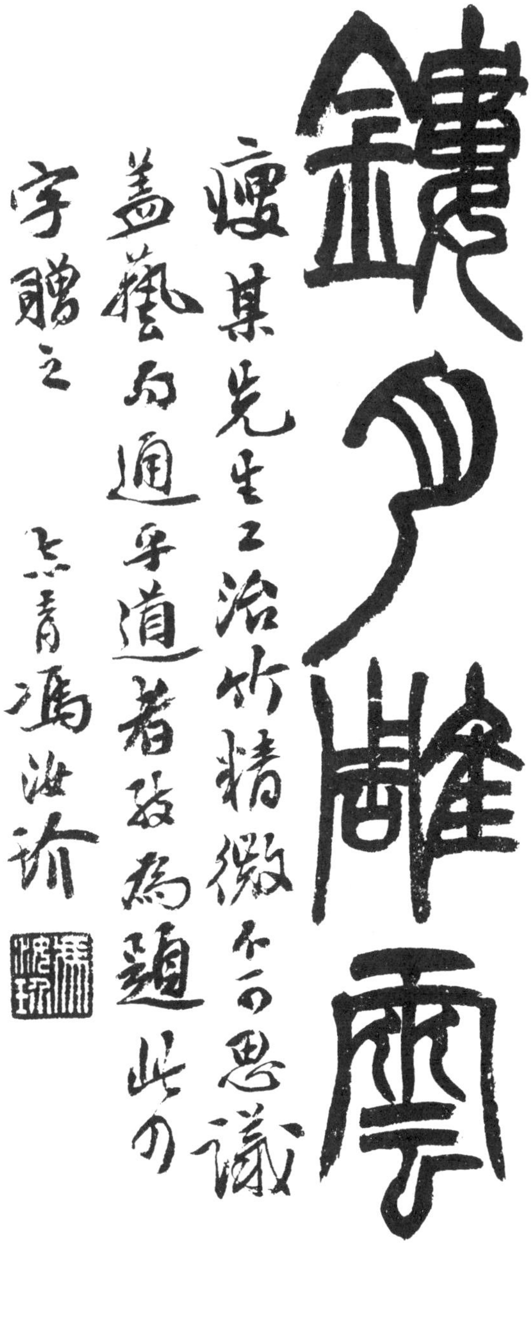
瘦某先生工治竹精微不可思議
蓋藝而通乎道者故爲題此四
字贈之
念青馮汝玠

甲子冬十又二月
白石山翁

寒匏仁兄正
齊璜

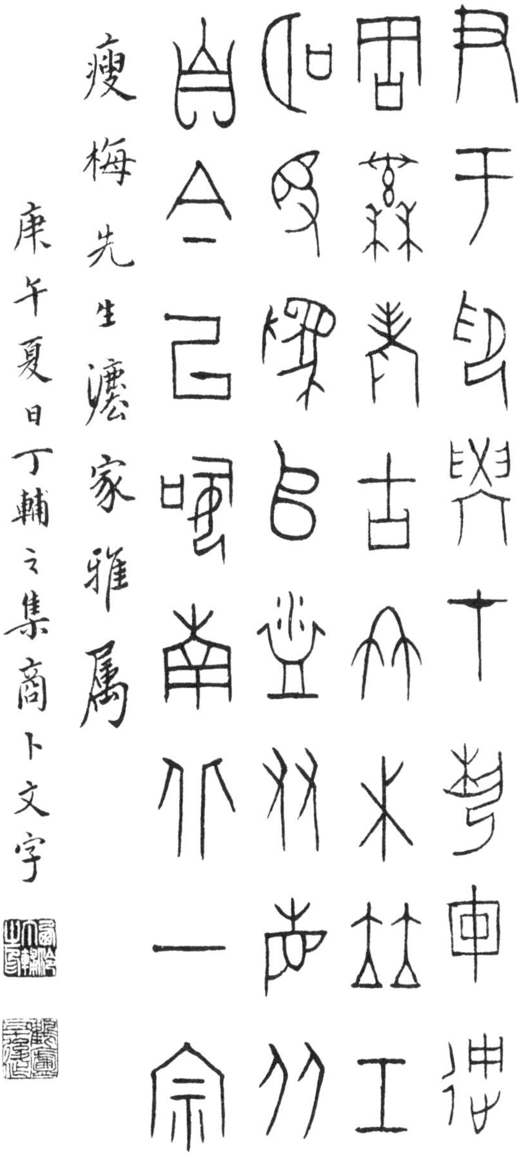
瘦梅先生灋家雅屬
庚午夏日丁輔之集商卜文字

殺青不碍廣文貧雪鏤冰雕線壓銀怪是端莊雜流麗要從疎拙見風神
初驚造化露機鋒成竹胸中不可蹤寸楮猶應論遠勢半江春水翦吳淞
片片蒼梧斑竹枝湘帆轉望總生疑飆馳皇甫三千字倚錯君謨百衲碑
銀鈎鐵畫幾行書泥印沙錐比似初見說金龜頌芝朮更從蒼水識虫魚
奇文妙手偶相遭君試昆吾切玉刀單郭塡來懸水鏡故應神妙到秋毫
斑衣青士夢前身刻盡能存面目眞棗木秦碑空刦火湘娥幽怨入湘筠
不見烟雲起墨池鸜鵒瑩劍割琉璃龍門信有琅玕紙寫遍青童星子詞
研光小本斬新硎玉版凝霜古勒銘歲歲江南貢黃竹筠箱硾作女兒青
入君懷袖怕秋還淺畫娥眉學遠山釵股縱分雙鳳尾聚頭不解玉連環
全憑目力與刀頭金薤琳琅鐵網收紙墨澄心堂裏認玉瓢小印太清樓

瘦梅仁兄參戰舊友啓北方治竹之門爰賦十章用誌厥美越十歲丁卯祥符靳志記于北京之居易齋

溪亭竹趣 佩衡
張瘦梅刻於京師

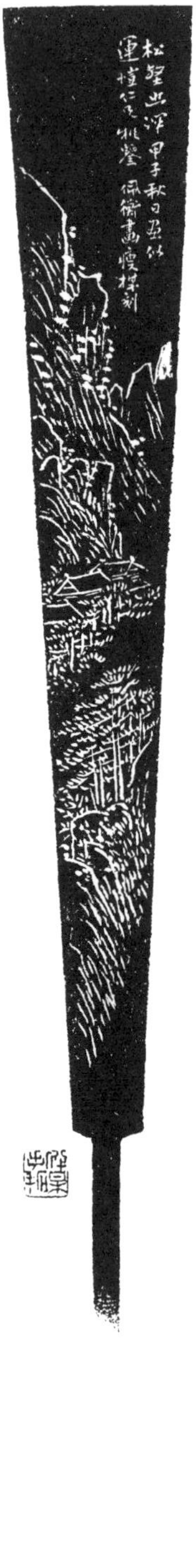
佩衡畫 瘦梅刻

了了蟲魚蝕筆邊竹人一傳發於妍劌
將肝鬲銘文字葉野篁籬總偶然
一卷煙雲腕底趨棘端競巧竟誰如殺
青汗簡今何有誰得商量到削餘
奉題
志魚張兄刻筆拓本甲子大寒紹興壽鏞

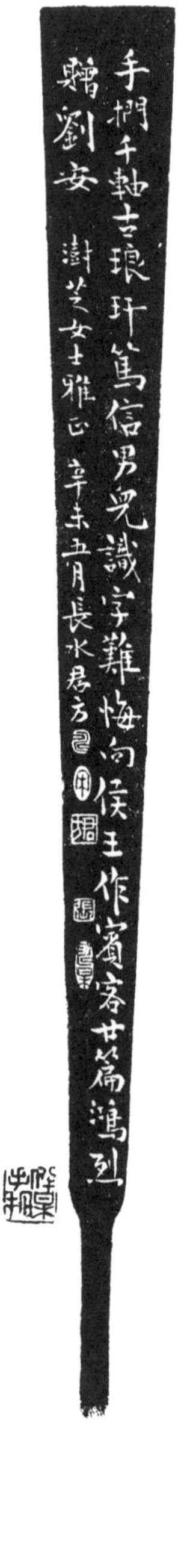
手捫千軸古琅玕篤信男兒識字難悔向侯王作賓客廿篇鴻烈贈劉安
樹芝女士雅正 辛未五月長水君方

竹痕頌并序

張子瘦梅參戰處同寅也善刻竹治印每當荷葉含碧菊華未黃自治篆邊者趾相屬焉彙拓所作集成多帙顔曰竹痕將付影印予既獲先睹喜故人能以技鳴爰弁數言用彰厥美乃作頌曰

古稱漢簡點閲劇觚刀筆從心於是乎書竹帛嬗蛻楮以輪俱雕琥筆削視古有殊竹人崛起自闢户涂詩以同文玩多儲所需競巧精鏤文字畫圖貴在難能擇張希黄讓朱松鄰落落張子展箋自娛技進乎道全牛目無竹痕萃有如市五都季札觀樂蔑以加諸立已立人清風穆如敢告知者待價而沽

甲子歲暮李洞庭撰文徐醒緣作楷

南無佛南無法南無僧南無救苦救難觀世音菩薩怛姪哆唵
伽羅伐哆伽羅伐哆伽訶伐哆羅伽伐哆羅伽
伐哆莎訶天羅神地羅神人離難難離難身一切災殃化為塵南無
摩訶般若波羅蜜
志魚刻 戊辰五月

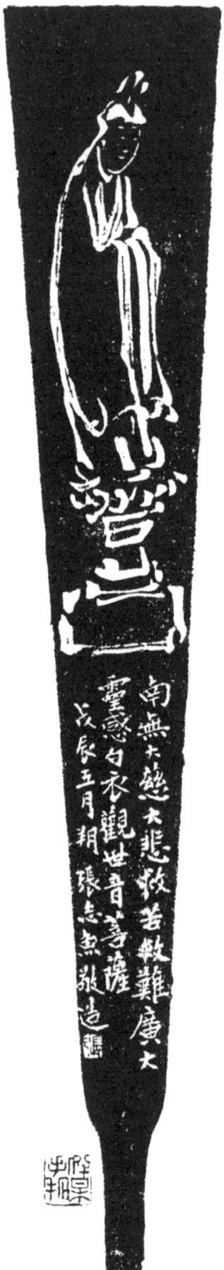
南無大慈大悲救苦救難廣大靈感白衣觀世音菩薩
戊辰五月朔 張志魚敬造

人馬平安

牙
銅
金
牙
銅
牙
茶晶章
花未全開月未圓
除註字外俱為石章為印樣計恐不免雜亂之弊 魚記
銅印

春風紫蝶

張志魚刻竹製印

張志魚刻竹製印

吳興眾山如青螺山下樹比牛
笑歌王孫老去傷遲暮畫
出玉湖湖上路西頭纖纖曲有
情我思紅袖斜陽渡
綴玉軒主人屬 癸亥王雲夢白
綴玉軒主人屬撫金文以此贈之 癸亥王

草堂仍著薜蘿遮地僻林深有幾家莫道春風
吹不到門前依舊鳥銜花
梅溪人詩 半丁

細寫梅花讀漢書
孝伯先生正 金城畫

春來常蚤起幽事頗相關帖石防隤岸開林出遠山一丘藏曲折緩步有躋攀僮僕來城市瓶中得酒還
杜子美蚤起五言
孝伯仁兄雅屬 甲子秋九月 蓮華盦書

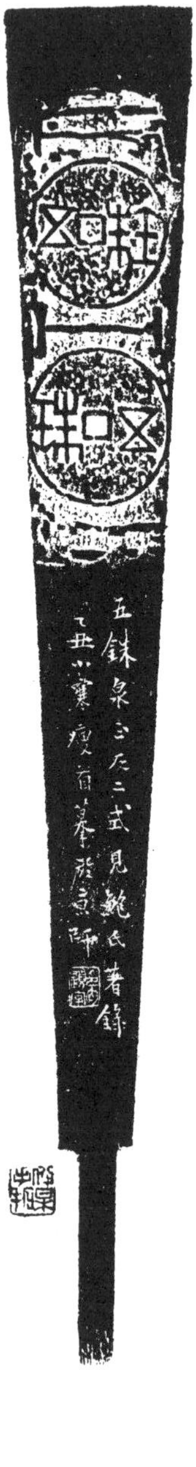
五銖泉正反二式見鮑氏著錄
乙丑小寒瘦石摹

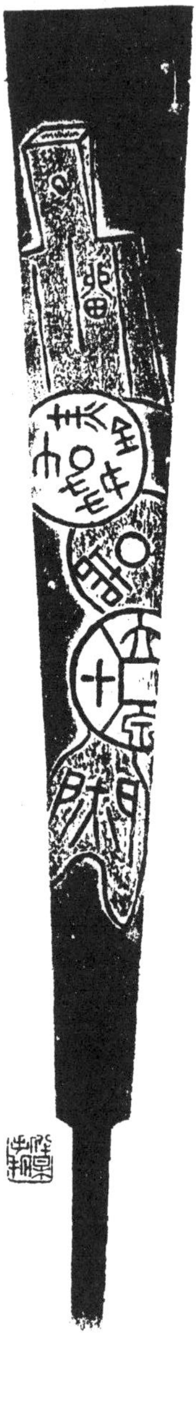

版權所有

北平張志魚潤例

刻扇

普通陰文每柄十五圓

以一尺十一股三行及十六股兩行或書畫兼備者爲限點品及象牙均加五成原來書畫同此僅刻三五字者每字五角陽文加倍指定某人書畫者潤資在外摹臨舊骨或前人墨蹟及其他竹木或過大過小之件另議

普通陽文每柄二十圓

以尺十一及十六股刻壞文泉刀之屬爲限點品另議行楷兩三行者加倍過大過小另議原來寫畫委刻者同此

留青普通沙地花卉每柄三十圓

以尺十一股或十六股爲限行楷加倍一畫一書者加半原來寫畫委刻者同此過大另議

臂閣筆筒手杖及其他竹木之屬均另議

刻印

石章每字一圓

牙加半銀銅加倍邊欵除奉送上下欵外每字一角牙倍之以牙石爲限大至八分小至一分加半逾寸另議龍虎等形作一字算碑銘墓誌另議

晶玉翠瑪瑙等章每字四圓

大至六分小至一分加倍未載潤格之件均另議

篆隸扇頁屛聯每件三圓四尺外加一尺加一圓榜書另議 松竹同此

潤資先惠 定日交件

庚午三月 [illegible]訂

張志魚瘦梅收件處 各埠各大南紙店 北京宣外前青廠四十號本宅

刻竹治印無師自通

刻竹治印無師自通目錄

通玄張志魚著

雲
戊寅白石山翁

鼓刀呂望未成翁東閣韜鈐市井中
學就屠龍無處用且將餘技試雕蟲
棘端楮葉足奇談妙手元同造化參佗
日竹人重作傳北方第一寄斯盦

瘦梅先生善書畫精治印鐫竹尤爲絶藝春
秋方壯隱于燕市出示此册爲題小詩呈
正 辛未嘉平月肅甯劉春霖并識

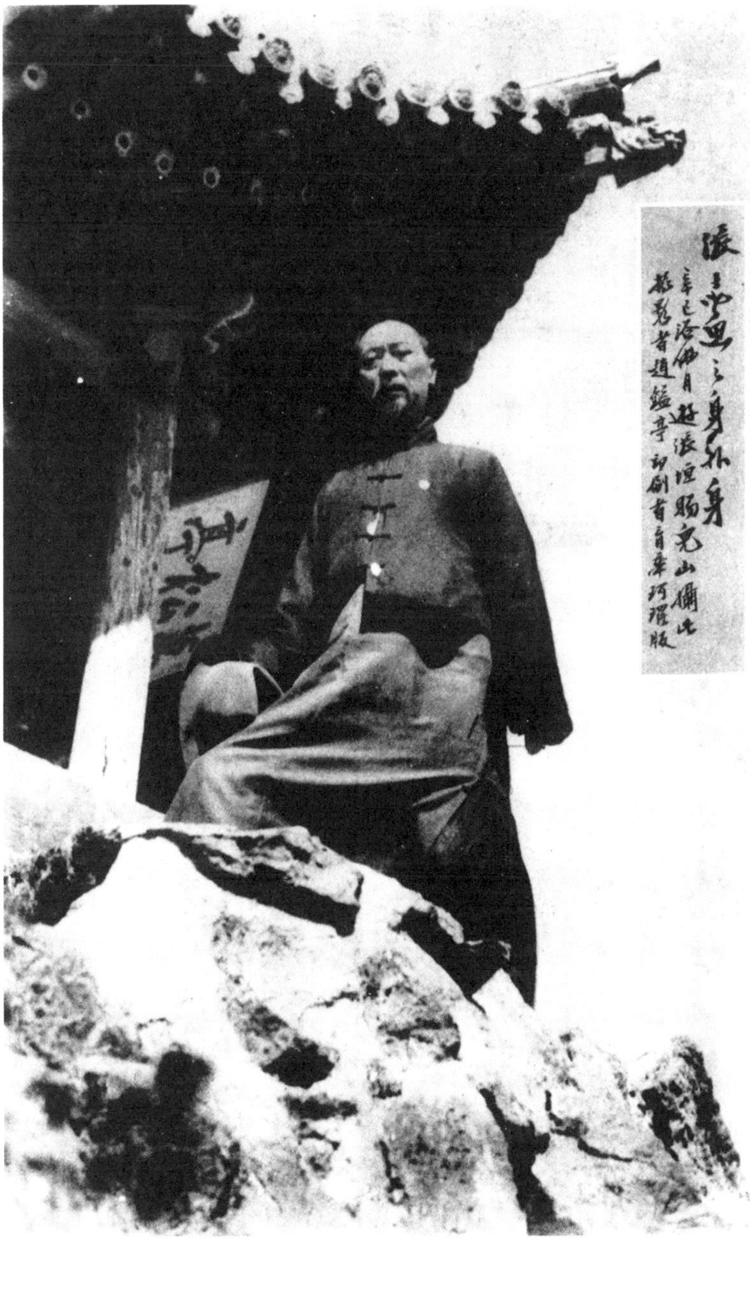

刻竹之原起

通玄張志魚瘦梅氏著

志魚原不諳刻竹因民國元年買到南來刻竹扇一柄其邊所刻花卉有不合理處遂用治印之刀補成之蓋志魚前三歲即知治印故也是時有張蔭庭先生者適來舍下見我補扇遂慫恿之云「刻竹由唐宋起直至清初統是南方之人北方無一人善此道者倘能刻好一定居爲北派刻竹之祖」名利雙收可爲預卜於是嚮壁虛造終日研求三年之工稍有進步至民國七年魚供職參戰處辦公之暇乃懸潤問世此售刻件之始是時即知刻陽雕泉刀之法張希黃所刻蘭花兩面一樣一面正花一面反花平地魚改沙地民國十三年再供職執政府武官處仍懸潤單前一年在楊敬記扇莊定製棕皮邊扇骨百柄北方有皮雕扇骨由此始民國十四年竹蘭軒由南寄來湘妃竹扇骨因釘子尖滑傷竹面減價兩元一柄魚購四柄改補梅花湘妃補花由此始其後逐年均有仿效者十五年段芝老下野魚遂舍去政途終日除授徒外專以刻竹治印爲生活矣十六年去天津開設寄斯盦古庵字得交鄭蘇戡老先生前兩年拜袁師上寒下雲之門是年八月十七去濟南得觀諸泉廿一日遊泰山在山巔住一宿廿二早觀日出十九年鄭蘇老贈魚一文內有「他日增編竹人傳時瘦梅必爲北派之祖矣吾惡能測其所致」等語（見後篇）袁師贈魚之文有「張生能爲人所不能爲爲人所不敢爲他日增編北方竹人錄時當以志魚始」（此文亦見後篇）民國十九年四月遊滬得友數十人張丹斧贈魚廿字文曰「印人既燕昌竹人又希黃書家則二水三張並一張」款云「此二十字惟吾宗兄足以當之」鄭採花等均有贈語由滬再過蘇州中秋後返京廿

五年夏月傷右腿於是學畫白菜趙松聲戲以張白菜呼之觴南溪再咏以詩厥後復繪松梅等廿六年遊津每年二三次三十年辛巳春二月遊大同雲崗豐鎮綏遠（更名厚和）包頭回時至張垣秋季再遊煙台威海衞數次出遊頗與藝術有益古人云「行千里路讀萬卷書」誠非虛語魚吏以修德二字爲最要果能如此默默中實有鬼神暗助是藝術能臻妙處與否統視其德行何如耳

刻竹計分四種

刻竹起於唐宋盛於清初以嘉定爲最傳至南京而止北方向無是藝魚自民初研求今已三十餘年箇人所製過者分述於後（一）淺刻（二）深刻（三）雕鏤（四）留青即皮雕留青者留其竹面上之青皮耳

刻竹有文人匠人之區別

文匠之法不但刻印分之寫畫刻竹均有文匠之分別也書家作畫有入筆行筆世人咸知墻壁所懸紗燈及財神竈君門神等一望而知匠人所畫也治印亦然刻竹何能例外文人刻竹外表觀之所刻花似鮮花所刻之鳥似活鳥此以外表言至其內容係看用刀之法文人刻之有深淺之不同匠人則否若觀其刻字更屬易易文人刻字不但不走原神并能將寫不出之意思刻出匠人刻之乃大相徑庭矣其最大之病凸者能給刻肥凹者能給刻瘦此普通之例也

刻竹之法（見前圖）

刻竹有四種刻法前已分言之矣茲但述其刻法（一）深刻以平口刀刻之每一筆須上下左右四刀其刀與治印之刀同惟口宜薄耳見前圖（二）淺刻以四楞針形刀子刻之刻法照寫字用筆一樣（三）雕鏤用刀繁於以上兩種用刀計分三種一平口刀（與深刻之刀一樣）二四楞針形刀（與淺刻之刀同見圖）三坡刃刀（見圖）以平口刀刻外廓以四楞刀起淺處以坡刃刀起深處之底（四）刻皮雕法（卽留青）用刀兩種一平口刀二坡刃刀平口刀刻外廓與鏤同起地以坡刃刀爲之此指淨地而言若要沙地須平地起淨以後再以平口刀兩旁之尖端一刀連一刀刻之卽成矣

拓片及用具

文人刻竹拓出墨片完全可當帖臨匠人則否旣有若是之重要倘不拓出何以觀其技能耶至存成績起見亦不容不拓也因是之故特將用具拓法（見前照相）詳述於此用具（一）刷子一把要硬鬃的可用之捶潮紙作凹形（二）羊毫筆一枝爲刷白芨水用（三）拓墨綢包一個此包內容是棉花少許總好成鬮形（四）拓時以此包沾口內津涎再沾墨在磁版上研之不澀不乾時再往紙面凹形上拓之著墨十五層卽成法帖式矣拓印上邊跋同此

刻竹須知

刻竹旣爲藝術家之心血幷爲流傳之品必須具有生動之妙訣生動者卽是刻鳥須似活鳥刻花須似鮮花刻字

必須保其原神倘書家不能將其原神寫出刻時須將其達不到處刻出方合生動二字並須時時存一種予後人觀摩之法否則不足稱爲藝術家也古人云「爭千古」者在此萬不可潦草了事遺笑于後人存心既如此重要尤其對於選竹子必須留心竹子原與木質不同木質有紋粗細不等竹子亦不能例外最佳者以蘇杭産爲第一南京第二他處紋粗不宜于刻蘇杭之竹紋亦有粗細之不同最妙之竹曰玉竹面上無立行紋有立行紋而較細者爲次品有粗糙之紋或上下歪斜者爲下品均不可刻也竹子扇骨買來先置通風處待過三年至六七年再刻方好早刻有水分在內不立刀口過十五年之後又變爲木質亦不好刻惟留青一種則反之因竹子有青皮之保護過十五年至廿年反到更好因外皮愈久愈白刻出地子愈顯出紫紅色實增賞鑑家之美感明朝皮雕每柄價三四百元果時人若刻出已逾二十年之舊皮雕動輒亦須百金以難得故耳

歷代刻竹人之小傳

魚前二十年得到竹人錄一册所載由宋詹成起至清乾隆止約百餘人該書不知何人執去現追憶錄之挂一漏萬當不免耳順序書之爲是省紙省工讀者幸原諒焉詹成。吳嶠菴宋高宗時安徽人能于竹片上鐫刻山水人物宮殿纖毫俱備細巧若鏤各以幽秀見長此刻竹之皖派也明朝能手崛起有金陵李文甫濮中謙均善刻竹惟性質稍異一喜刻扇骨（即箑邊）一喜鐫香筒其所刻率多花鳥蟲獸之類皆精絕雋逸之作此刻竹之金陵派也厥後嘉興張希黃錢開嘉周夢坡改創陽文留青傳其法者甚多此刻竹之浙派也又蕭山蔡容莊創留青人物山水極得希黃諸家之秘而別樹一幟不落恆蹊遂稱蕭山派明崇禎時朱松鄰改變濮仲謙法而于其所刻喜用深雕又擅書畫善摹吳道子朝畫一稿夕刻於竹遂名振一時其子小松其孫三松均繼其業此刻竹之嘉定派也雲亭嚴子煜字敬安江蘇嘉定人從周芝巖學刻竹盡得其秘饒有朱三松李長蘅之妙逮後候峭曾吳之璠創刻薄地陽文人物封錫祿則以竹根雕鏤佛像施天章能傳封技其藝不在封下清乾隆時阮芸臺湘中孫鶴詔鄂中鄒邦藩江都潘老桐名西鳳其子小桐鄭文伯嘉慶時方絜齋唐學川杭州陳源均道光時顴中湯頌年嘉興張受之吳江楊龍石閩中吳玉田海鹽胡衣谷金壇趙成祖此見於竹人錄印人傳者魚所知光緒十六年于子安名士俊曾來北京住北火扇客店張蔭庭傾其刻扇骨兩行字潤計紋銀八錢陽文一兩六錢五六行字二兩此南方竹人來北京之第一次也迨民國三年沈小莊住楊梅竹斜街蘊和店北房陰文刻扇八元陽雕泉刀十六元只見其刻成之扇未見其刻及用具由是之後魚去琉璃廠時就便訪之其門總是由內上鎖開門時其用具早又藏之久矣後小莊遷至後青廠仍是如此計與魚爲友前後廿年至其歸道山止總未見其刻及所有刀魚則反之不論何人來訪均是對客奏刀小莊每次來訪由午至夜並在舍下小酌觀魚刻竹前後不下數十次再于嘯軒名碩江都人民國初元寓津在文美齋翰墨齋懸掛潤單刻象牙小字及山水人物民國五年卽來北京三陽金店所售象牙煙咀刻赤壁賦鑲金口定價七元魚即訪之亦是照小莊步驟刻及用刀永不使人觀看來訪鄙人時亦是觀我刻竹魚時以刻

法公開藉引後進無須自秘之語說嘯軒于君答以各種藝術不同有宜公開有宜不公開者後嘯軒哲嗣養澄君命志魚治印看我刻小字邊欵魚即問其尊人刻小字是否與我相同養澄云一樣似此何須秘密耶嘯軒今年七十矣去歲患半身不仁病前三年刻小字每方寸刻六千字潤兩千四百元刻小字之佳天下無有出其右者潤貲亦爲天下第一矣民國六年江都吳南愚繼其父夢蘭在勸業場設縹緗館除名人字畫外以刻小字稱于一時兼能治印已于去年故于江都之故鄉年只四十有八惜哉今世上流傳淺刻扇骨一種款書松亭者魯瞻云吳姓朱竹樓名雲价亦頗鼎民國廿年竹齋竹樓子安六行小字價至六七十元張希黃皮雕价三百餘元可謂最鼎者竹齋係松竹齋定件因竹齋欵下有松字小圓圖章故也金西厓金東溪弟兄係金北樓之弟余仲嘉粵人病啞浙江王杰人又有胡三橋朱昂之金之駿李劍南支慈庵黃山泉林介候薛佛影徐寒光山堂虛谷少峯嘯北諸人近有白鐸齋潘叔威馬彥觞高容之黃大廈陳溆石天津周與九均有佳作復有湯岱山刻亦很好每字刻法統遵漢朝刻碑之例底子很平聞亦故去惜哉志魚刻竹始于民國元年至民國十二年八月廿七日始收北京王宏耀爲徒教其刻竹治印以竹龕二字予之民國十七年再收賓坻郭慶華爲第二門徒又以竺龕二字予之以後所有門徒均以竹字頭之字冠之北京范長華節厂高陽張樹芳篁龕鐵嶺孫紹先筠龕北京蕭乃謙笠龕北京顧振發笣庵天津鮑景惠笑厂北京伊林祥箏厂其他籙厂箎厂等容再續之

刻竹之技始於江浙北方無能為者究乎張瘦梅君獨擅此藝而又自出新意創為留青淺琱及湘竹補花諸品精妙絕倫殆為南派所不逮他日有增編竹人錄者瘦梅必為北派之祖矣刻印亦師秦漢性有巧思日進未已吾惡能測其所至耶庚午二月孝胥

印人既燕昌竹人又希

黃書家則二水三

張竝一張

此廿字唯

瘦梅宗兄足以當之

丹父

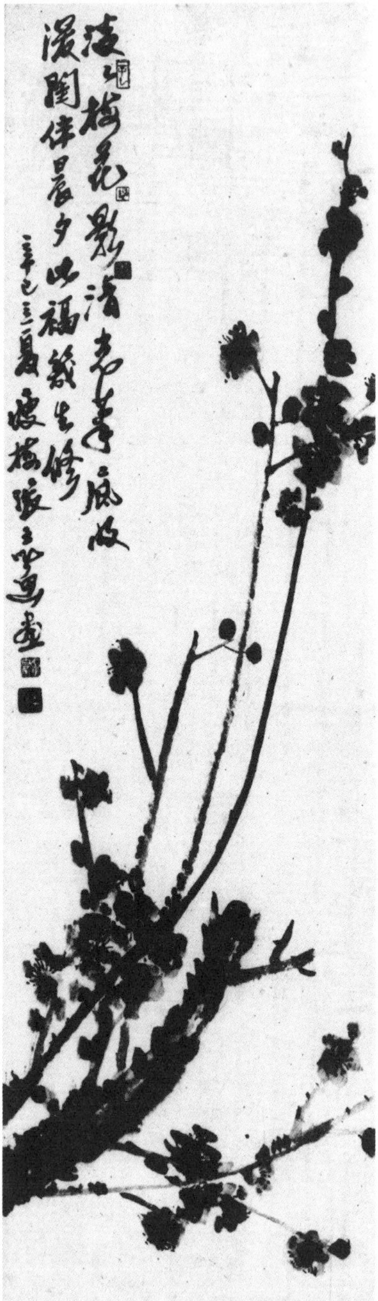

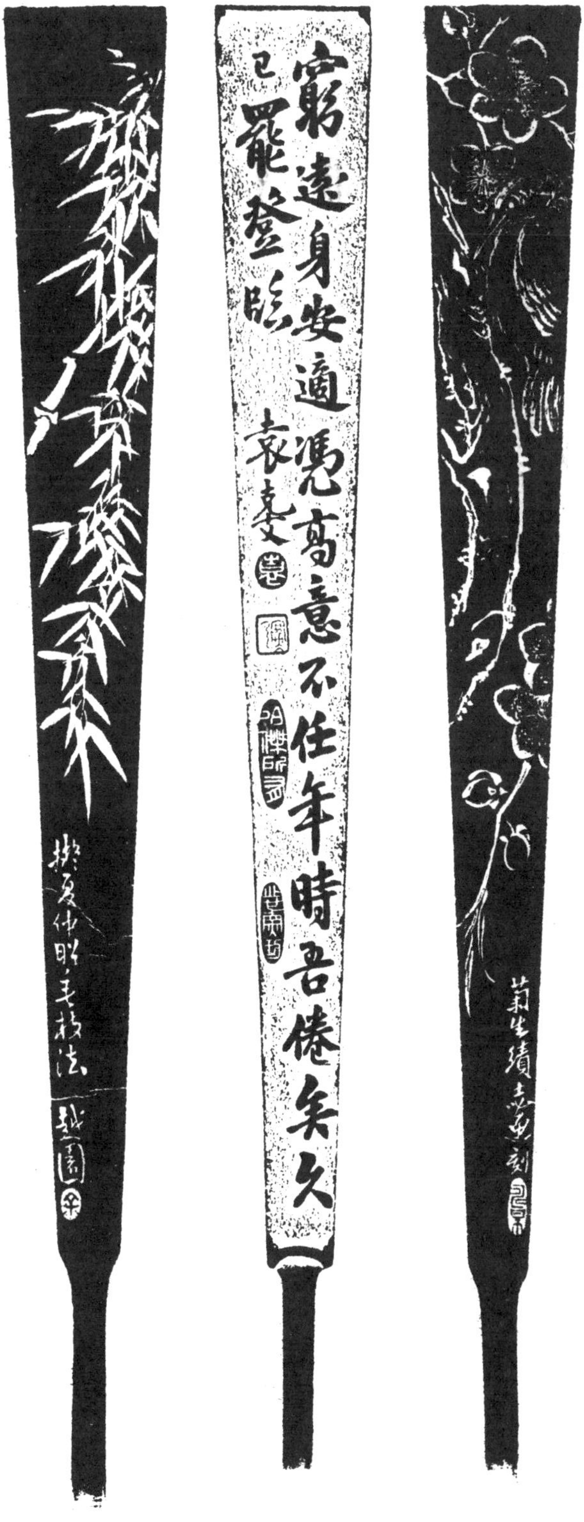
窮遠身安適憑高意不任年時吾倦矣久已罷登臨

鴈與新寒約鷗將舊隱招翦燈獨自話無寐潮流到
秦娘橋妝樓悄曾否夢吹簫

古璽

夏商周之印統曰古璽

此璽文曰

陳嘉㚖三字陳㚖二字均加文字旁

秦璽

秦始皇時之印曰秦璽

此璽文字列後

1 張黑張字省弓旁

2 趙陽趙字省去走字陽字省去阜旁

3 鄭澤二字澤字水旁移右方

漢印

漢朝除天子之印曰璽餘皆曰印曰章

此二印朱文安武君白文樂安王章

唐印

唐朝李泌有端居室齋額只見其書未見其印茲附官印以充之耳

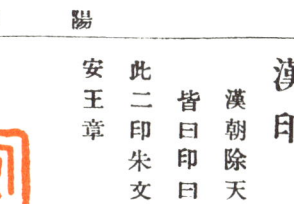

此二印一顏魯公之號眞卿二字一官印行軍都統之印

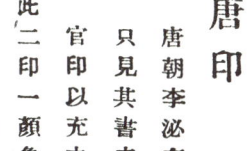

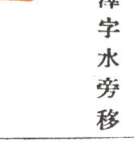

宋印

宋朝之印有宣和印私人治印有趙子昂刻松雪齋印

此二印即趙子昂自刻白文趙氏子昂朱文松雪齋

元印

元朝除官印外有元押一種上一漢字下一蒙古文之吉利語

此二印一元押一荅魯花赤之印完全楷書多轉幾彎耳

明印

明朝除官印之外文人治印以文三橋何雪漁爲主以後代不乏人

此三印出明朝文何之手白文幻浮朱文松風洞主即世傳玉筯文是也

大清印

大清朝官印半邊漢字半邊滿文文人治印崛起若干人見印人傳中

此大清玉璽之一文曰大清受命之寶那半邊滿洲文

第一圖

扇床印床四種刀子所有用法詳後文

第二圖

深刻扇骨用刀法

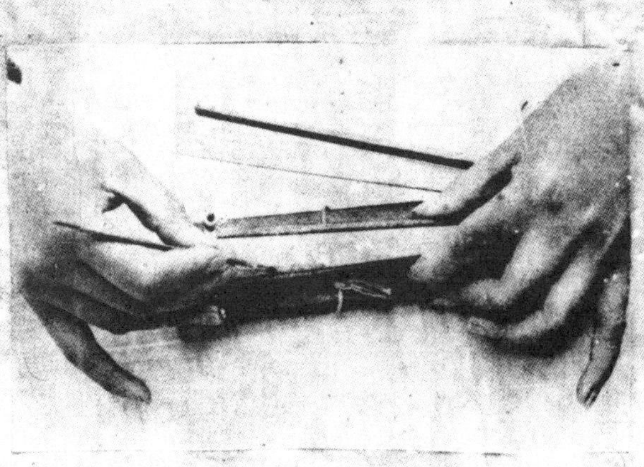

第三圖

刻皮雕治沙地法

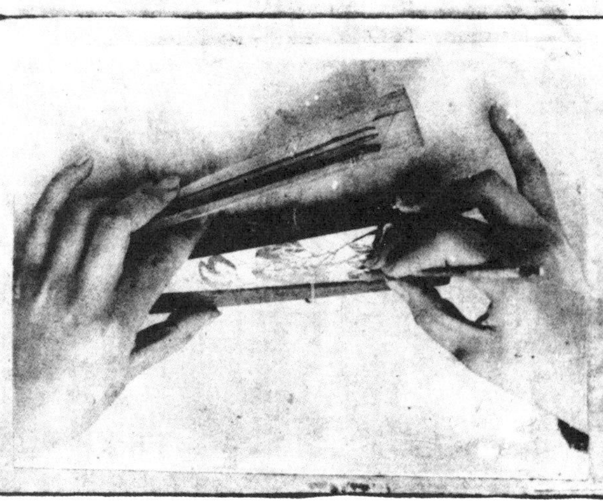

刻竹治印無師自通

通之北京張志魚著

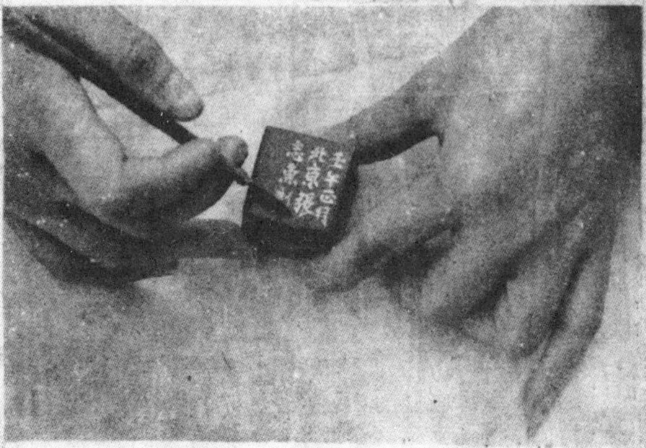

第四圖 刻楷書印章邊款

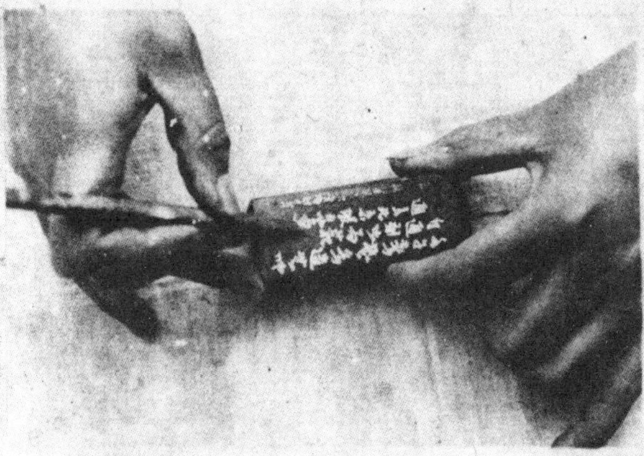

第五圖 刻行艸書邊款用刀法

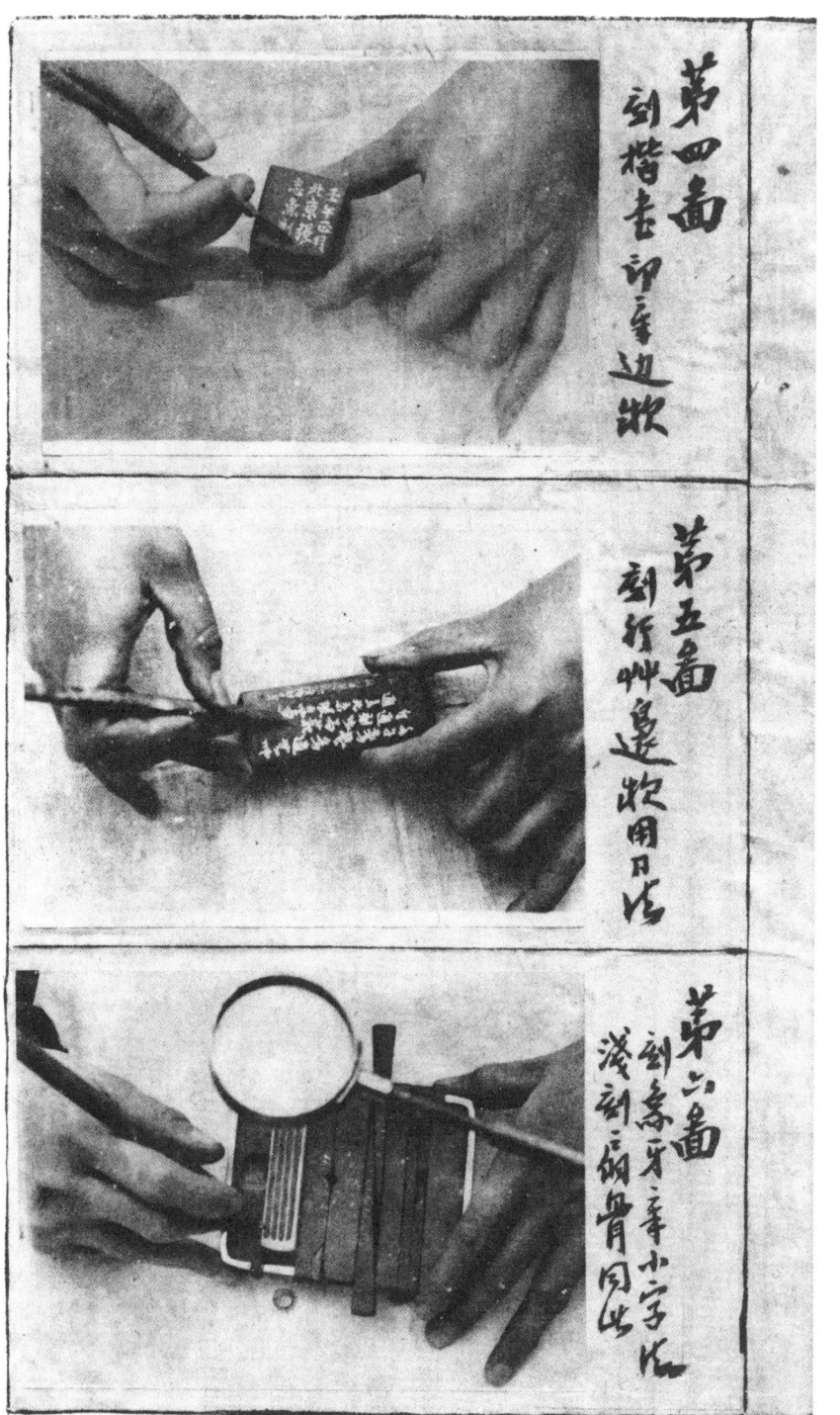

第六圖 刻象牙牙章小字法 淺刻刻銅骨同此

治印總論

通玄玄北張志魚字瘦梅著

吾國有印其來尚矣唐虞之世已有文字以代結繩其後至於周季始有印矣是時之印名曰『古鉥』逮至秦季改曰『秦鉥』統是正字不能鈐紅鈐紅則反之矣鉥字從金从木即爾字鉥字變異多端復因東周之際不遵正朔各創新法故將鉥字改爲从土從金或將土金土爾互相倒置如坏杫鉥㙑再改爲從爾從土凡天下之土均屬爾之義再變爲鉥鈢鉨最後改从爾從玉爲璽字則不從土矣秦漢之季將璽字專由於天子宰相之下至將軍曰章其下曰印此有印之始印字從爪持節（㔾）即節字之省文爪者爲手之代表手持節以示信也故印字由漢始彰唐以後始有文人爲之者趙宋之季又有印譜出焉降至明清兩代治印之風大熾文人匠人叠出不窮治印之法兼亦有之惟完善者百不一覩揆其原因能者私爲己有不肯暄於世人不能者强勉爲之究不能洞中肯棨魚研求治印將及四十年稍有所得不敢自秘本知無不言言無不盡之旨以獻諸愛斯道者共研究之治印各法筆難形容者附之以圖並附歷代印人小傳

治印須知

治印之事以普通目光觀之未有不言易者倘細心研求不但不易而且難上加難何以喻之普通能畫者無論何種畫均能唾手可就若命其寫字則不成字也故寫難於畫世人咸知而治印又難於寫字多矣前人列爲金石書畫足見其一步難於一步也此以精妙而言非普通能治印即高於書畫耳魚嘗曰有人以治印爲易者其人便不能治印至其難於書畫之點前人論述甚多無一人說到恰當處因其難說也魚現作一比例譬如寫字入筆重色深行筆輕住筆又重因此顯出深淺三色刻印則否朱文成凸形白文成凹形深淺之色既無行筆亦難觀看故刻

印難於書者此其一治印均是反字鈐紅始歸正字一正一反大有懸殊以魚箇人經驗言之嘗于扇骨上刻小印高興時能刻十數印每個均佳此十數印倘移石上再反刻之則減爲六七成矣一正一反其困難如此故治印難于作書此其二嘗觀夫能治印者每倩其治印動輒數月甚至一年其實半刻鐘可得何遲至乃爾此無他篆字不熟再所學又非文人所授待無人時檢查篆字由大而縮小其苦可知也其稽遲時日非爲刻耳唐李陽冰嘗有四字比喻錄于此曰摹印之法有四功侔造化冥契鬼神謂之神筆畫之外得微妙法謂之奇藝精于一規矩方圓謂之工繁簡相參布置不紊謂之巧魚以能神仙逸爲四品詳于後文恕不複述

印譜之來源

上古雖有璽印而不能鈐紅只有用于封泥之一途因彼時無有紙張印色故耳既如此何用印爲因印爲信物乃不可少者雖無紙張而以竹簡代之往來函牘統以生漆畫于竹簡之端外縛草繩若封札式結口處封之以泥最後鈐印于泥上即今所傳之封泥是也以此視之印爲信物可知漢季蔡倫發明造紙經歷代之研究至唐稍見完整宋季宣和皇帝始有宣和印譜晁克一圖畫譜王厚之復齋印譜顏叔夏古印譜姜夔集古印譜吾邱各衍字子行古人印式趙子昂明朝文三橋何雪漁清朝丁敬身均有印譜乾隆時汪訒菴有飛鴻堂印譜咸豐時陳簠齋有十鐘萬印樓印譜又有集丁黃陳趙蔣奚陳錢爲西泠八家印譜趙之謙吳熙載吳聖俞光緒時吳昌碩王冰鐵黃牧甫父子亦均有印譜今人齊白石有印譜陳師曾有染蒼室印譜壽石工有蝭舞齋印譜志魚前十年曾出袖珍小本印痕丙子歲又有寄斯盦印痕最近又有張志魚辛巳印痕以上爲印譜之大略也

治印有文人匠人之分別

文人治印若寫字然以每個字爲一體若干字爲一氣無論二字或四字或十數字均能合成一氣匠人則否匠人刻印滿塗以墨或於圖章上畫横豎格無論若干字每字之若干横豎按所畫之格刻之若機器然只知字樣不知氣韻以横豎格相對看之則文匠之别一目了然矣此言文匠係指刻法而言非指人而言也譬如書香門第本非匠人然其治印之法是由匠人傳來不論傳至何代總不脱其匠法凡抹墨畫格刻之者均爲匠人之遺傳耳何則匠人不能寫字純在印章上塗墨或以横豎格擠出字樣耳

印有四品

印有四品曰能曰神曰仙曰逸能居最末若能達到能品必須字無相乖方可何以喻之譬如一个載字分拆爲土爲戈爲車此三字必須各成完整之字若再合而組成之仍是一个載字如此將符能品之格果一印四字或十數字每字均要合拆字之格而無相謬之處此印始可列于神品之内超凡入聖一望而知其佳者始爲仙品焉至逸品者爲印中最上之品實難以筆形容之前人曰能亦好果至能品尚不多覯何况其他千人治印可傳者未必能有十人足見其難矣致其拆字組字尚且不知又焉能知其四品耶再治印者而不能工書或不能寫匾額及篆字聯幅等則永不能至佳處耳致呼爲金石家或稱大鐵筆不知此實有愧焉

治印用具及刻法（見前圖）

一隻筆一柄刀行遍天下此係文人治印者也匠人反之動輒曰刀子一套因匠人治印各有其刀文人治印祇用一平口刀足矣無論其牙章石章竹印木印均是一樣及至刻邊跋亦是治印之刀無須更换耳刻法照用筆式

刻邊款楷書行草法（見前圖）

印章所刻之邊款宜於印之左面以鈐印時手不能摩到爲主若右面則不免摩毀也至刻邊款之法計分二種其一楷書其二行草普通楷字最多行草甚少嘗視文三橋鄧完白刻行草邊款統照刻碑之法兩邊用刀大失印章邊款之式魚自創一格以一刀刻成不須複刀而不與刻碑相同方不失刻邊款之正軌刻楷字法用平口刀由外向內立切入刀重行刀輕住者稍重成〕形『見前圖』刻行草邊款法刀亦用平口者惟於刻時須橫用刀斜片式一邊光整一邊成鋸齒形如圖式此法乃魚所獨創耳『前篇並有執刀式』

印字應置何處

印字應當安置在姓氏之下爲 張印志魚 式廻文讀之爲張志魚印非張印志魚也前人嘗云姓所同也名所獨也殆指印而言也姓所同者大家公用之字名所獨者個人專有之詞故印字寘于姓氏之下爲正格取名字相連不斷

拓印章邊款法（同拓扇骨法）

印章上既刻邊跋必須拓出以留痕蹟倘不能拓仍是等于未刻若不知其拓法雖欲拓而不能也茲將拓法及用具詳述于後（見前圖）拓時先將拓片之紙放在印章上（紙用南綿連南粉連均可）再用新羊毫筆沾用泡粘的白芨水刷在紙上後用元書紙將白芨水吸收待八分乾時再用乾元書紙蓋在拓片紙上用最硬毛刷捶之將刻痕完全捶出斜視統有凹形爲度九分乾後再行拓墨拓墨之法必須用圓作圓之法用小綢子二寸見方上蓋一層嗶嘰呢要三四分見圓最上置棉花少許然後將綢子總起成圓形用線緊緊即成圓矣再用此圓沾墨後并由個人舌尖上添以唾涎然後在磁碟上研之不溼不乾時再徐徐往上拓拓時第一次順行不管墨之深淺（此爲一層）再照上法沾墨混涎仍順行拓墨（此第二層）每次均爲此法到十五層爲度千萬不要在一處拓如在一

處拓（卽一處著墨）背面必黑背而一黑必損下邊之印最妙者能拓十五層背面不黑爲妙

齋額別署之起源

上古人生樸厚知書者始有名字普通者乳名而已如黑眉之類因其眉生有黑色之毛無所謂名也字也見于書者先師孔子名邱（避聖諱應讀某）顏夫人因禱于尼山故號曰仲尼仲者含行二之意先師有兄故居仲位此係有字之始至齋額之始自唐朝李泌有端居室以後代有仿效之者清末新聞紙與名號外又有筆名投稿數處者卽有數个筆名可爲最盛之時最近又仿西法名號歸一明爲仿歐暗卽師古也

刻象牙小字法（扇骨同此）（見前圖）

象牙章旁邊刻山水或小字秘之者統以閉目刻之無須用眼等語此純係欺人之談瞪目凝神尚且有錯焉能閉目爲之天下無是理也玆爲指授愛斯道者有所遵循計特將萬人不肯說不能說之秘法全盤托出望細心研求之其法維何（第一）預在象牙上刻幾行字先須畫好墨道若干行假爲刻五行字先在象牙上畫五道墨綫墨道粗字卽刻大墨道細字卽刻小（第二）用放大鏡寘于墨道之上下邊用四楞刀刻之如寫字一樣（見前圖）若刻最小之字不用四楞刀用一針式刀如同大針一樣將尖磨快用竹筆管挾住外用繩一捆卽成刻山水法完全用四楞刀刻之將山水模型畫好然後著刀深淺色由刻者自填欲其深填亘墨欲其淺填淡墨刻字用一色稠墨填之待乾用紙乾擦千萬別溼一溼墨道均隨溼紙而去矣

治水晶玉金銀銅象牙印之法

古有昆吾刀可能治玉只見于某書而未見其刀也某筆記有云古之寶劍可能削玉亦未見何人有之魚 治印將

近四十年所觀諸家筆記所說一切法則大都似是而非殆人云亦云多屬鑿空之談耳茲所論列者統是志魚親身經歷有效之辦法剋除自利自私之心以公同好望研究是道者注意焉刻水晶篆好用鑿子小錘輕輕捶之待頭層亮光皮已破順續鑿下可得千萬別忙用力一猛即崩裂矣刻邊款可用鑽石刀刻之（此刀羅鴻泰賣每柄四元）刻玉既無昆吾刀只好將篆字樣篆好交玉器行琢之刻邊款及修理字樣仍用鑽石刀爲之刻象牙與刻石章法倘腕力不足可將牙章用淨水浸二三小時然後刻之較比不浸時可省一倍之力金銀銅印將字篆好用鑿子刻深似木匠掏窟窿法首飾店工人可能代作魚作此書一以打破秘不示人之觀念一盡魚之熱誠耳

印人傳

上古治印大約統出匠人之手見於筆記者有秦始皇得趙氏璧命丞相李斯篆受天之命皇帝壽昌八字使孫壽刻之以後漢晉唐宋均有印惟不載治印之人宋末元初趙子昂松雪齋始見刻者之名至明朝文三橋何雪漁梁千秋逮清李丁鈍丁黃小松蔣山堂陳曼生趙次閑奚鐵生陳秋堂錢叔蓋是爲西泠八家鄧石如爲皖派之祖此其最著名者至咸同間趙之謙吳讓之吳聖俞吳石泉名金培子幼潛光緒初吳昌碩黃牧甫子少牧王冰鐵名大炘金鐵芝葉葉舟丁佛言邁鈍再據周櫟園印人傳所載附誌於此只錄其名刪其繁也希讀者諒之何震（字主臣又字雪漁號長卿新安人）文壽承（彭）金一甫（光先休寧人）胡日從（正言秣陵人）梁千秋（袞維揚人）梁大年（年白門人）方直之（一印）釋慧壽女韓約素（鈿閣千秋侍姬）張大風（風上元人）顧芸美（萊吳門人）陳師黃（玉石平湖人）程孟長（原一字六水新安人）汪尹子（閣黃山人）汪宏度（泓子尹子）顧筑公（璞字山臣武林人）江皜臣（刻玉名手歙縣人）程雲來（林歙縣人）程與繩（其武林之子）李耕隱（破屋老人維揚人）沈石民（世和常熟人）欽序三（蘭吳門人）王安節（槩白下人）錢雷中（履長）李根（字阿豐號雲谷居士閩縣人）徐子固（堅吳門人）鄭宏祐（基相歙縣人）胡省游（阮楚人）秦以巽（漁原名鑣滋梁溪人）顧中翰（貞觀字華峯號梁汾）張江如（宗齡梁溪人）陳朝喈（瑞聲梁溪人）倪覲

公耿梁溪人　王文安定梁溪人　袁曾期魯吳門人　蘇嘯民　須來西仍西毗陵人　袁臥生雪吳門人　李渭珍瑛江寧人　徐虎侯宙秀水人　吳不移寧宣城人　徐東皐光蘇州人　明李林甫善刻竹金陵人文待詔牙章多出其手石章歸何主臣刻凍石治印由此始以前凍石類雕作花枝蟲鳥多爲婦人飾耳　沈逢吉達婁東人　吳頌筠明玗字虎侯梁谿諸生　張鶴千日中毗陵　吳仁長山常黃山　陸漢標天衢鹿城　林晉晉白閩莆田人　薛宏璧居瑄閩侯　黃子環樞閩寧蒲　黃克侯柄猶樞之子　沈鶴生　劉仲漁　程穆倩　陶石公碧晉江人　楊叔夜玉暉閩長汀　吳平子晉初莆田　林公兆熊閩長汀　吳秋朗暉閩樵川　吳尊生道榮新安　顧元方聽字石因吳門　邱令和旻吳門人　汪宗周歙人　姜次生正學浙蘭谿人　李箕山穎予衍陵　朱修能簡休寧　姜羊石貞金華　吳午叔正陽休寧人　胡全子其孝休寧人　吳亦步迴歙人　何不違通太倉　龔　坤　丁秋平良卿錢塘　陳古尊雷杭州　朱石臣　歸文休昌世崑山　王叔卿夢瑶歙縣　張平憲　汪　徽　汪先之鉐　程稚昭晉　陳文叔賓仁和　施大千萬錢塘　陸仁父惠仁和　丁元公錢塘　胡克生偵錢塘　兪企延時篤　高培宗治仁和　馬白生驊仁和　范若傾題仁和　黃素心璵錢塘　全君求賢錢塘　李考叔穎仁和　周仔曾廷曾會稽　胡蘭渚馨山陰　劉漁仲履丁漳浦　羅宏載坤會稽　王綸子言休寧　陳元水上諳嘉定　陳簡侯枚錢塘　汪無波如休寧　倪師留越名江寧　張雪鷗我法武進　孫竹民吳秀本　何大春延年桐城　馬西樵駿山陽　顧子將溥錢塘　葛南閭濬華亭　祁天壁　毛子霞會建武進　范西漢　方彥博雲施桐城　米紫來漢雯順天　李石英　方東來雲聘桐城　文　甫　甘寅東　范潛夫　洪元長　王靈長人龍錢塘　魏楚山植一字伯建莆田人　錢燕穀昌祚武進

續印人傳所載如下爲汪啓淑號訒菴所著

徐龍友變長洲　高西園鳳翰號南阜山人膠州人　周頓菴整仁和　黃備成孝錫號約園吳縣人　朱公放介字雲栽號山漁歸安人　沈聞天皐歸安　袁籲尊三俊　號抱瓮長州人　聶松巖際茂長山　黃次黃呂號鳳六山人歙縣人　胡井輝志仁字曙湖號華頓老人山陰　陳在專鉢又鉢玉道人號西斧閩日安　顧開周光烈號楓林錢塘人　嚴景湘源號素峯常熟　蔣乾九元龍字雲卿號春雨秀水人　丁龍泓敬字敬身號鈍丁隱君錢塘人西泠八家之首有功印學　強順之行健號易窗道人上海縣人師何主臣　顧翠嵐虞山人曾著篆刻所著　徐紀南堂字秋竹號南徐仁和人　潘桐岡西鳳號老桐新昌人號亲嬰竹　劉叔和淳號虛白鐵嶺人　李復初德光號石塘華亭人　姚季調鼐號樗園居士長州人　張裕之慶熹字拙餘嘉興人　陳智周

浩號芷洲嘉定人 俞貞起元之號介石金華人 沈卜周世字捜生 印字庭學禮號茅齋嘉定人 俞君儀珽號芴齋初名培均婺源 張芑堂燕昌號文魚海鹽人 方蘭坻薰號樗盦石門
人 陸貫丹叔頤字堅士號頤齋晚年自稱吳經灌叟浙江桐鄉人本姓賀嗣于陸遂爲陸姓 沈來時祚昌原名衡天虹橋居士吳縣人 張鏡潭鈞字右衡歙縣 王青山子順宛平 王理堂燮號小山蕪湖人 朱用錫宏晉
沈硯亭承晁烏程 唐志霄材號半壑嘉定 范紿堂安國廣陵人 吳陶宰鈞師何雪漁華亭人 金汝誠嘉玉自號靜齋居士安徽新寧 桂未谷馥字冬卉曲阜
號冶亭字歙齋長洲 嚴力閭誠字立齋號鐵橋仁和人 吳漫公士傑字雋千歙縣人 仇遐昌瑩號霞村歸安 陳岱門詩植號石鶴道人別號敦甄華亭 欽維新岐號支山吳興 朱青雷文震號去羨歷
城人 周子芳芬號蘭坡錢塘 杜參雲世柏號葭軒嘉定人 陳首亭渭字桐野浙江平湖 張禹懷錫珪字雨亭號遯雪震澤人 王禦軨馥字號東蓮黟縣人 佘容若國觀號竺西又號石瀨宛
平人 徐孝先堅號友竹吳縣 董觀我元鏡號石芝漢軍正黃旗 汪桂巖芬號蟾客歙縣 王蘭亭世字號寫蕉湖廣東湖人 懷庸安履中字懶菴蘭坡居士婁縣人 吳進之晉號日三安徽休陽
錢雲樵世徵號聘侯婁縣人 王貞六睿章字曾麓號雪岑翁上海人 閔正齋貞江西南昌後遷廣陵 余少雲鵬翀號月郵懷寧人 汪宸瞻斌號芥山 程亦田瑤田號葦荷歙縣人
甘道源源字嘯巖號我道人籍隸正藍旗漢軍 戴滋德厚光號花濺休寧人 黃小松易號大易師鈍丁仁和人 蔣星巖宗海號春農丹徒人 汪洛占成 南曉莊光照字麗文號鏡浦昆明
朱笠亭琰浙江海鹽人 方南屏維翰號種園大興人 夏 儼朱文宗李長蘅浙江秀水 嵇導崑承濬無錫 王景言游號鏡巖字素園江蘇金匱人 王雨蒼霖游之子曾刻古稀天子璽 黃
仲則景仁號鹿菲子武進 梅容之鏡號廋山江西南城 俞拱三廷槐嘉興 嚴敬安子經號刻竹嘉定人 黃展之掌綸閩龍溪人 花玉傳榜長洲 徐匯川觀海字袖東號壽石又曰幼菴上虞
許錫範鉞歙縣 姜若彤煒上元縣 毛佩蘭紹蘭號雲樵字溥堂遂安 杜越倫超字月輪號南岡散人婁縣 井丹木玉樹號柏亭文安人 翟容清蘭生安徽涇縣 金肅臣繆號墜山山陰
楊後夫心源字修堂號自山 楊端揆汝諧號柳汀華亭 岳高原載高號雨軒歸安人 施濬原景禹號南昀字寄廬齋號小停雲如皋人 張榦庭梓號澹園上海 鄭大集基成號東江閩長泰人後
遷青浦 黃振武損號內禮歙縣 鄭雲門際唐閩侯官人 黃左田鉞字左軍安徽丹徒 吳少甫傑更名樹萱吳縣人 高青疇秉號澤公字蒙叟鑲黃旗 趙夫若丙楨號蓑拙居士字仲才山陰 徐
丕文鼎號調圃華亭 鞠坤皋履厚字樵霞號一艸主人江蘇寧吳 江豫堂源號修水歙縣 孫汝明克述黟縣 曹大同均字紿伯號平階上虞人 袁阮山宮桂無錫 朱叔玉德坪號藉山碭山縣
張子清濮又相 陳師曾 吳南愚 張壽丞 郭慶華 竺庵 張篁庵 壽石工鉥字印匃山陰人 齊白石璜湘潭人 王福庵 馮康侯 于非庵 王希哲 張樾
丞 李達之 徐石雪 周希丁 陳半丁 劉冰庵止錦鄗人 門徒 王竹庵耀北京人 范節庵長華北京 鮑笑庵景惠天津 蕭笠庵乃謙北京 （俟續）

必有可觀

張生志魚工治印尤善刻竹能
為人所不能為為人所不敢為
它日有作此方竹人傳者當以
志魚始 庚午三月洹上袁克文

寄斯盦印[illegible]

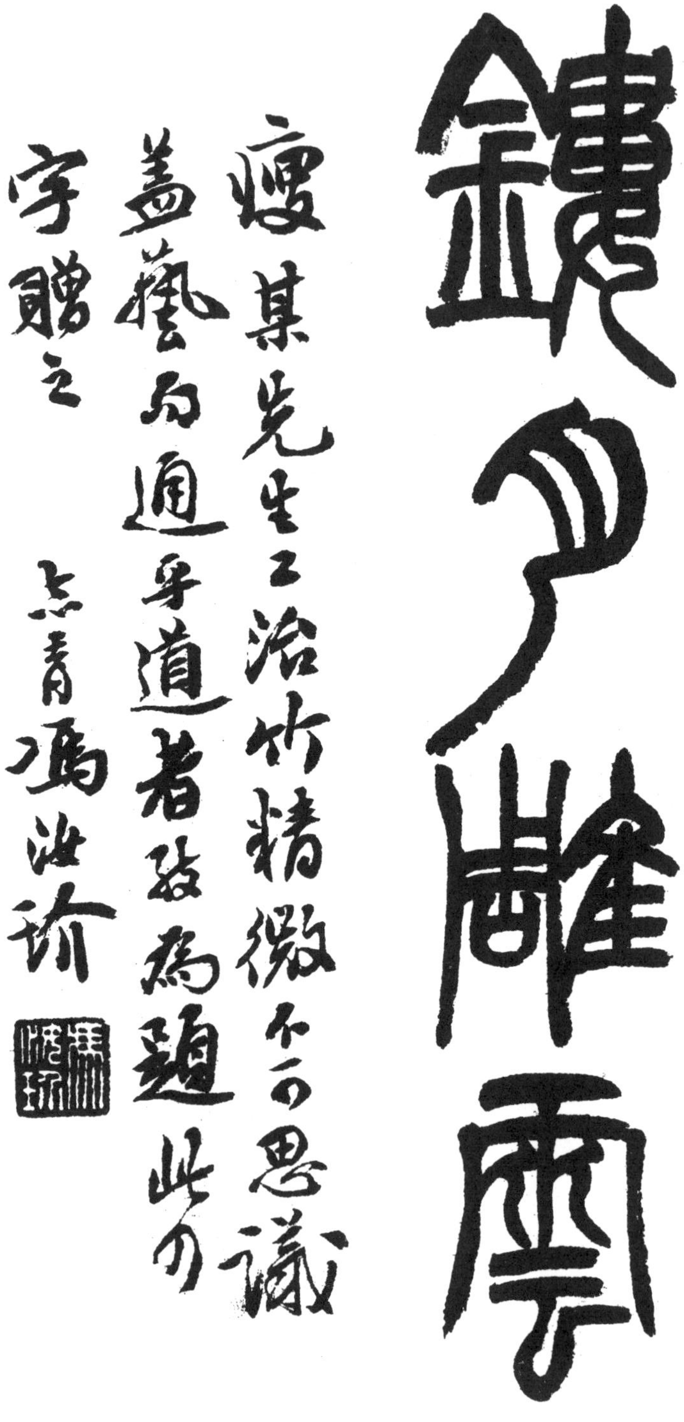
瘦某先生工治竹精微不可思議
蓋藝而通乎道者歟為題此四
字贈之
忠青馮汝玠

刻竹治印無師自通

濯滄三兄雅屬
丁丑三夏
通言弟
張志魚疲村刻
勁節生來瘦風標老更剛枝疏通
我意旅雁未成行 題叢竹有感因占
一絕浼張師兄疲村刻之謹呈
濯滄三哥大人吟正 晚弟德文寄呈並記

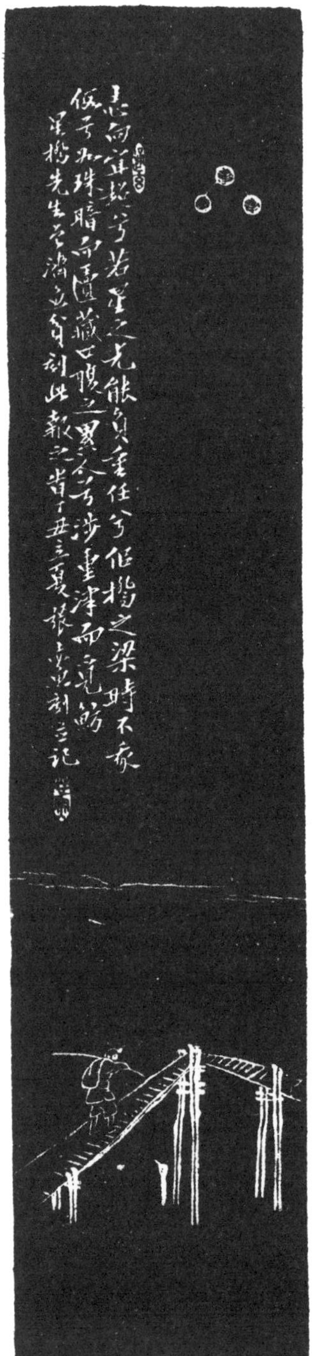

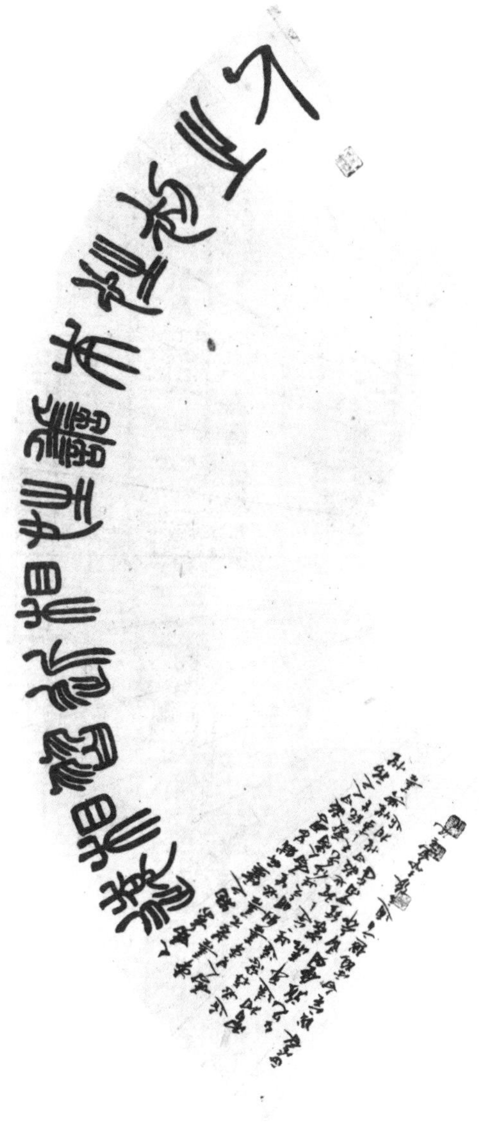

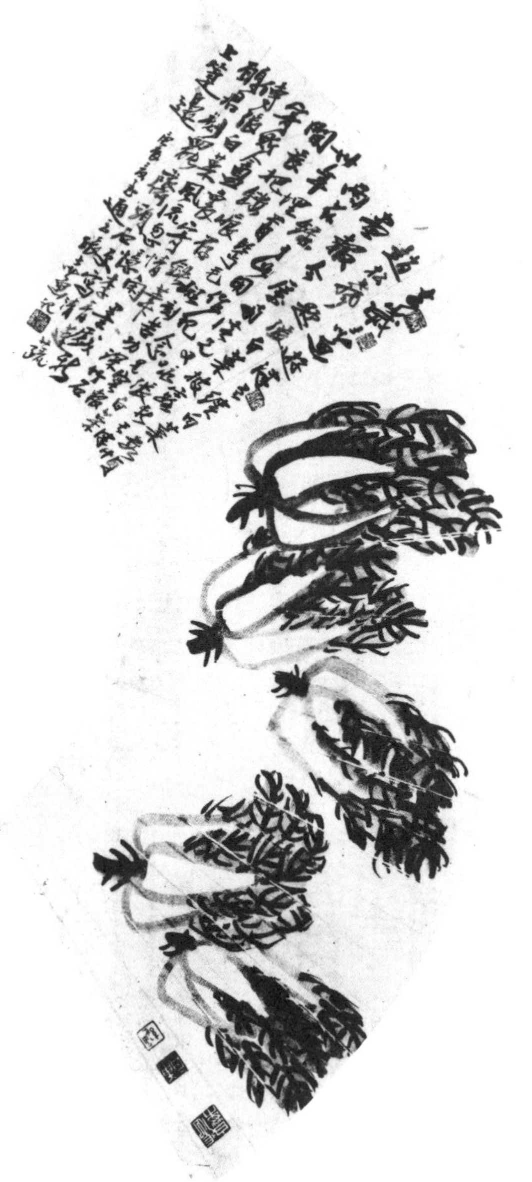

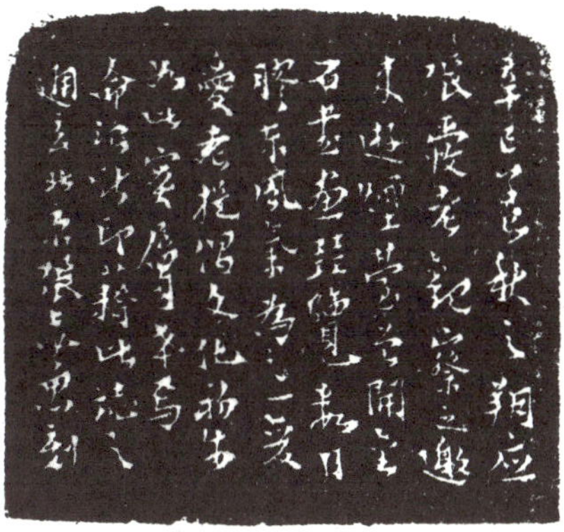

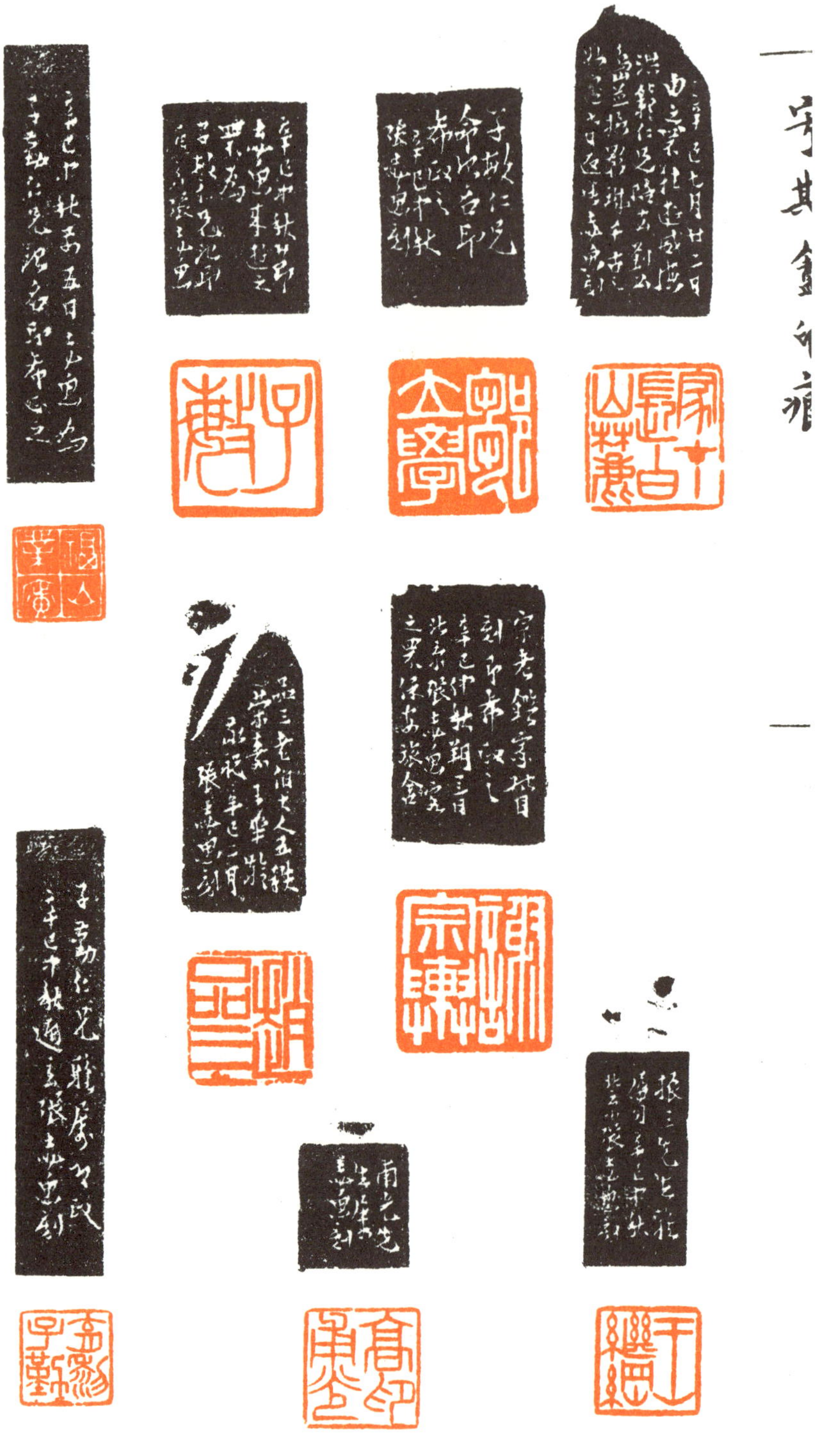

石雲畫
白石山翁作
書畫自怡外無所慕

庚辰歲先師聖誕

錫金識小錄云郡丞吳及郡刺董玉呈偶歛紅白而醉
呈出對云紅白相蓋醉後不知南北董對曰青黃不接矣
來嘉了東西不云有宴客食鷄蛋々有卵子盈口占云雌鷄蛋
腹中龍眼蛋遍了礎臣玉指唐刪立慕曰雄鷄阢上荔枝
冠座客服其工敏
庚辰先聖誕辰 通之張嘉思

可讀廬刻竹拓本

清新輝映

七十六叟陳寶琛

運斤成風

彊邨

子姬之世官私文字皆契簡冊少者
爲簡多者爲冊教青衿學者以刀
筆從事自秦而降易契爲書以帛
易竹競趨便利而剞劂之用幾絶

明代嘉定朱松鄰父子、金陵濮仲謙
先後蔚為刻竹几秘閣詩筒箋過文玩
精鐫書畫遂勝紙墨殆簡冊之末流
二周繼起集其大成竹人一編藝苑争

重百餘年中流風衰影一二作者不绝如线東谿西厓二先生篤學昵古俱工刻竹彫楮刺棘迥绝當代竹以刻成諸

品搨墨蒙為一編去刻四體之中收礫
然勤張宕堯沈兩々遺也畫刻山水花
鳥皴點陰陽無不備具具々璜周芝岩
之絕技也玩閱所過歎觀止矣蓋行竹

刻一藝爲吾國以來學子餘事，固非工師之技術所能同語。二兄學古有獲，當不河漢斯言。

癸亥夏四月餘杭褚德彝記

刻竹源流鍾邨松窗言之詳矣獨喜
君家一門風雅能書畫者早已馳名海内今
西厓專精刻竹不讓昔之韓蛟門楊龍石
諸人專美於前矣

癸亥九月虛齋識

東谿刻竹
甲子花朝吳昌碩篆年八十一

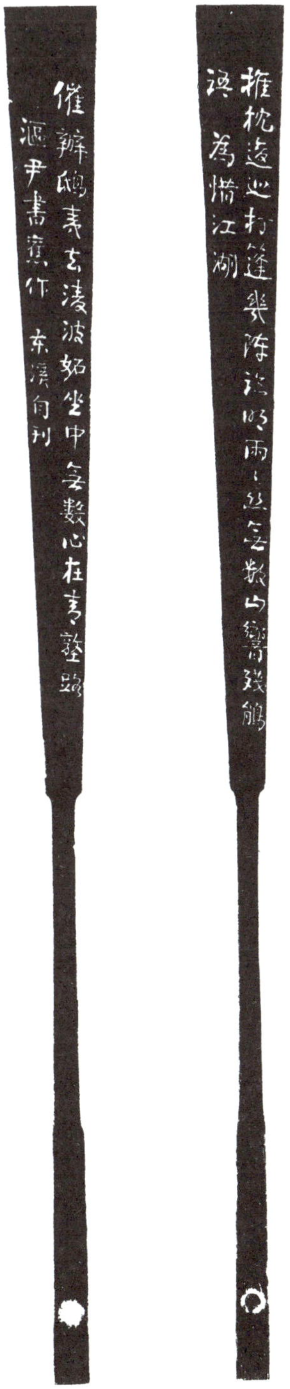
推枕遠迴打篷聲陣詼晚雨ゝ然無數山巒青殘鶴
換為惜江湖
催辭鷗素去淩波如坐中無數心在青蓬路
涵尹書齋作
东濱句刊

存道

出入懷袖不盈一握風以動之有君子之德焉 山舟句
仲廉屬存道書 辛酉夏至節廿一日

遲日江山麗春風花草香泥融飛燕子沙暖睡鴛鴦
杜工部詩

江碧鳥逾白山青花欲然今春看又過何日是歸年
仲康親家屬書
壬戌端午後三日蔣汝藻

羲之頓首快雪時晴佳想安善未果為結力
不次王羲之頓首
山陰張侯

正室之中神所居洗心自治無敢汙穢觀五藏視節度六府脩治
潔如素虛無自然道之故物有自然事不煩
黃庭經
壬戌八月
東溪自刻

東溪刻
壬戌冬日
綠螘新醅酒紅泥小火爐晚來天欲雪能飲一杯無

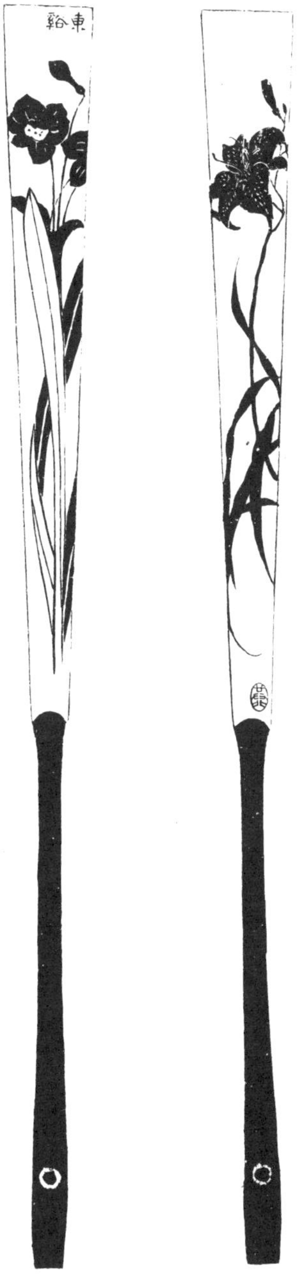
東谿

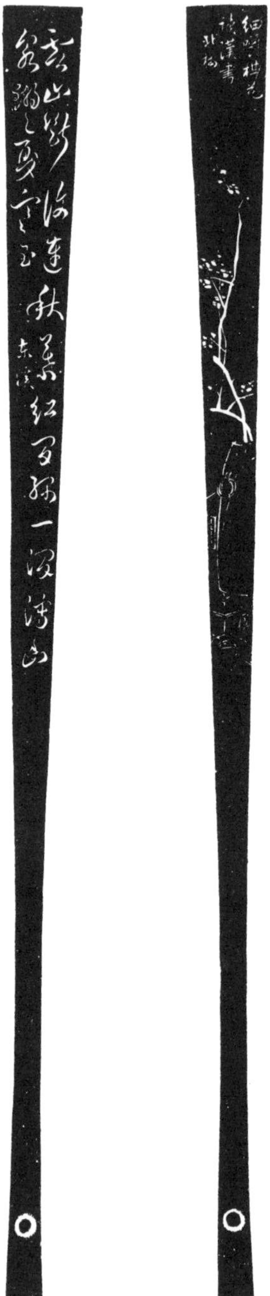

亂後遂無山水樂十年面壁海藏樓
卻憶茶村愛遠遊
東溪仁兄
頗嫌蜣蜋了了不爭達人何礙負時名區區節義歸窮士
猶喜諸賢未見輕
孝胥

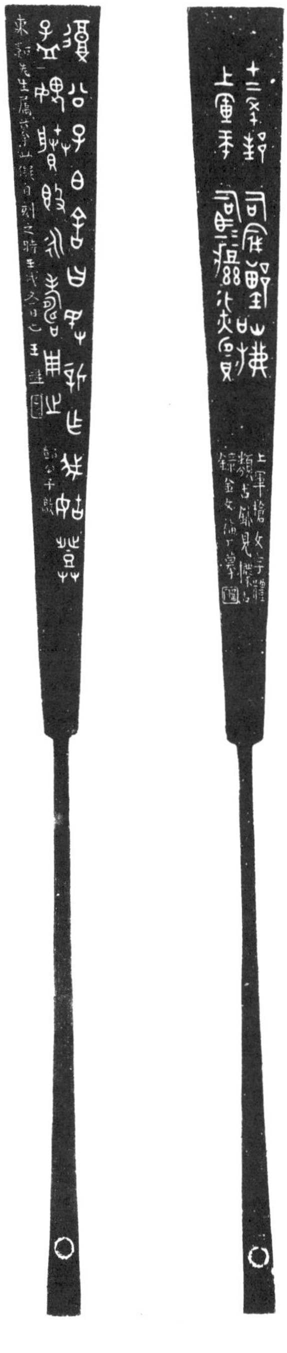

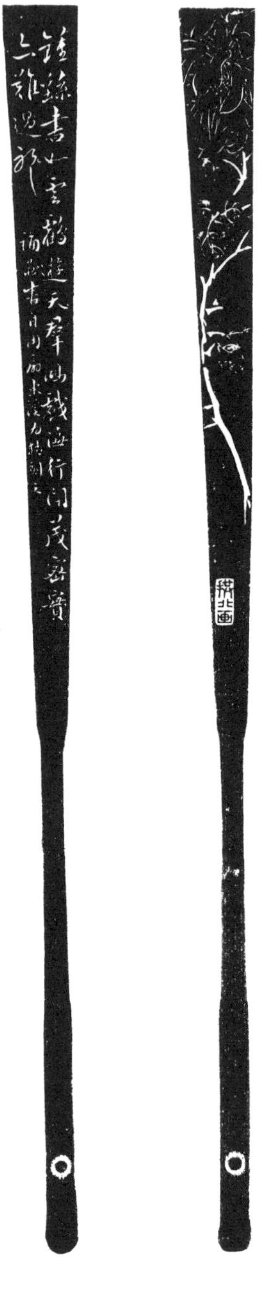

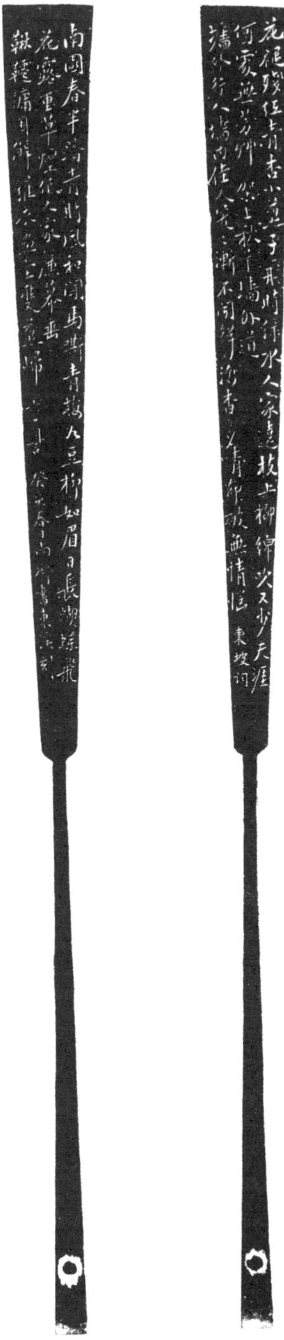

咀五色之靈芝香生九竅咽三危之瑞
露春動七情
拾翠洲邊自得羽毛之異織綃泉底
獨殊機杼之功
東溪刻

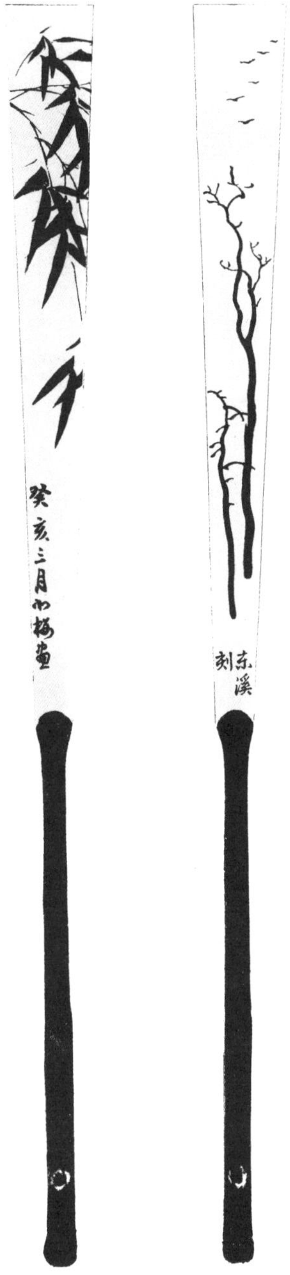
癸亥三月雨梅畫
东溪刻

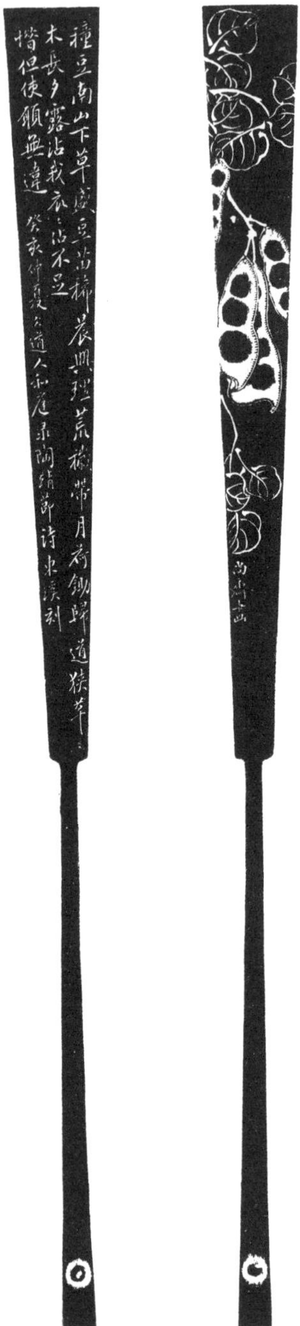
種豆南山下草盛豆苗稀晨興理荒穢帶月荷鋤歸道狹草
木長夕露沾我衣衣沾不足
惜但使願無違

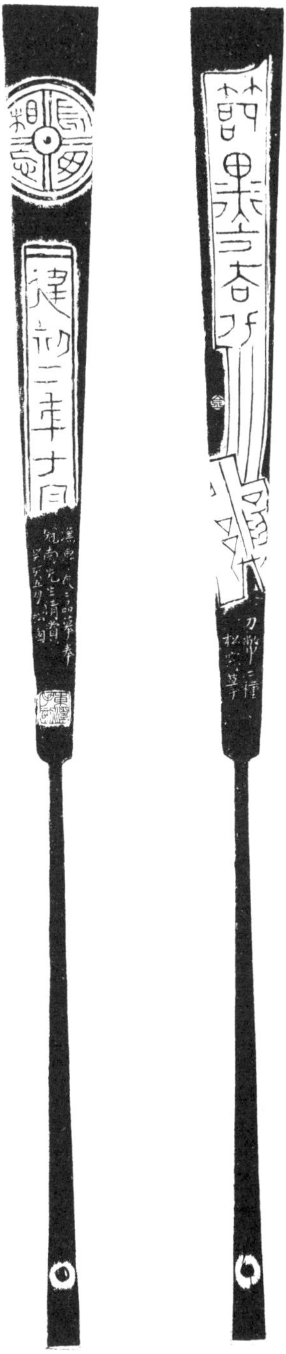
建初二年十月
刀幣二種

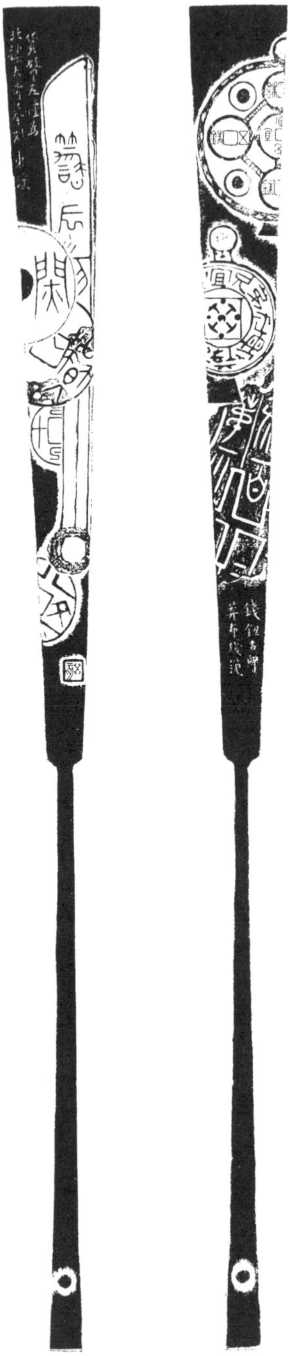

天籟無端落枕邊潺潺澗底響秋泉盆蘭已放書猶抱
醒後方知中酒眠
偶成
大聾

行行身入綺羅天花氣如潮復似煙點綴夕陽人不識老
夫扶杖白鷗邊
徐園
癸亥新秋八十老人吳昌碩老缶

南浦東岡二月時物華撩我有新詩含風鴨綠粼粼起
弄日鵝黃裊裊垂
東谿自刻

南無阿彌陀佛
東谿刻

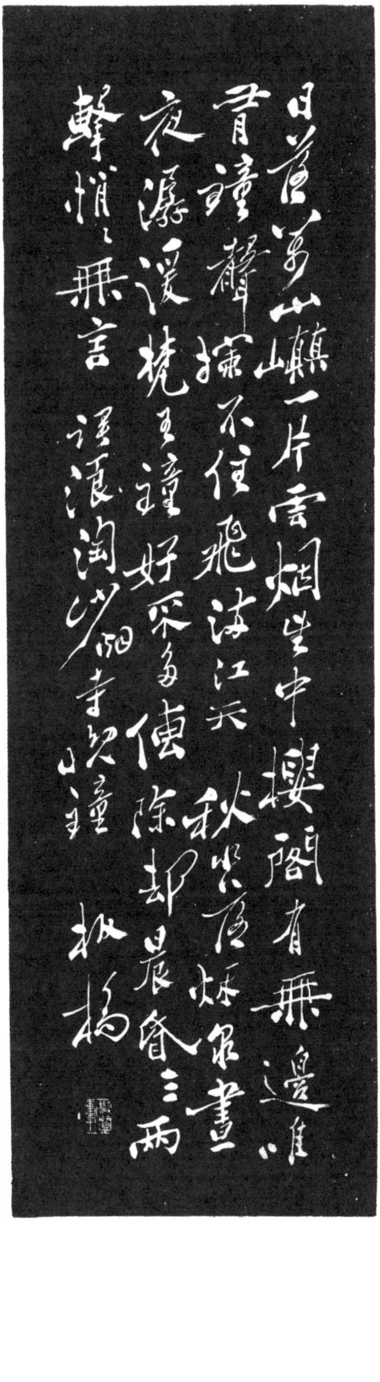

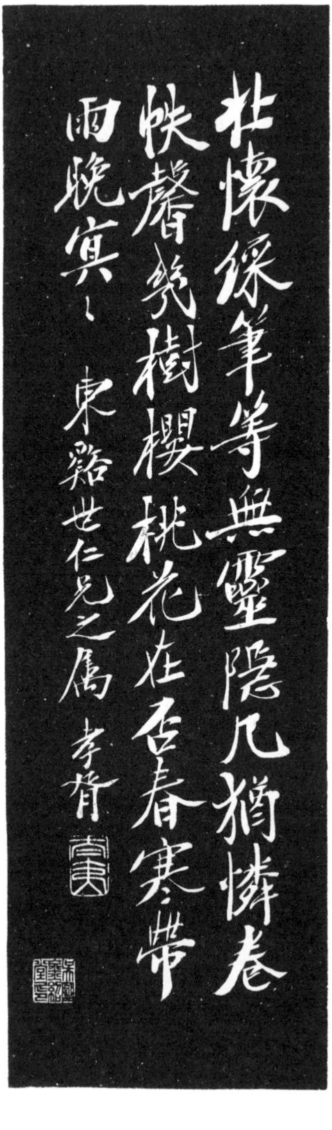
壯懷綵筆等無靈隱几猶憐卷
帙馨幾樹櫻桃花在否春寒帶
雨曉冥冥
東谿世仁兄之屬 孝胥

癸亥莫春之初
吴昌碩大聾
時年八十

张篁溪雕扇骨山川人物及诸体书皆精嘉定朱松邻父子亦有名后惟伊莘野能得其妙今

西厓亦善以運刀如筆使轉應手波磔不失毫髮技也而進乎道躋張軼朱當於旦夕致之矣

孝臧

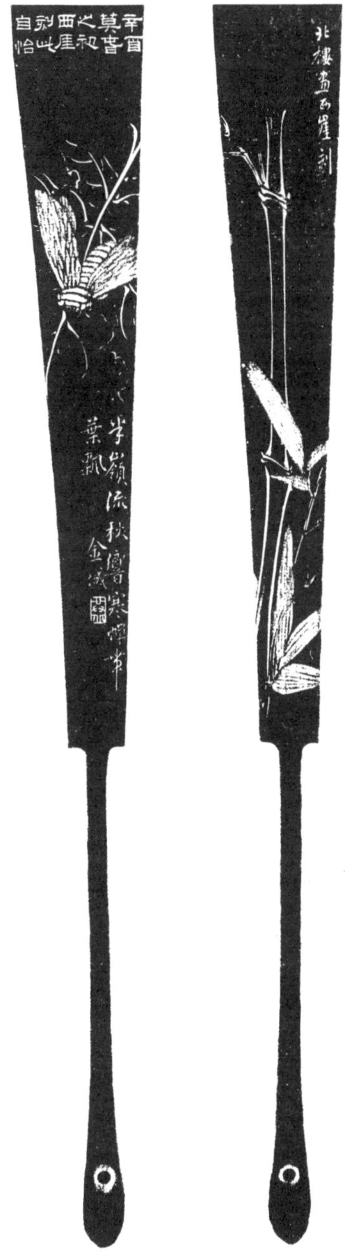
辛酉莫春之初西崖刻此自怡
半嶺流秋響寒蟬带葉飄 金城
北樓畫西崖刻

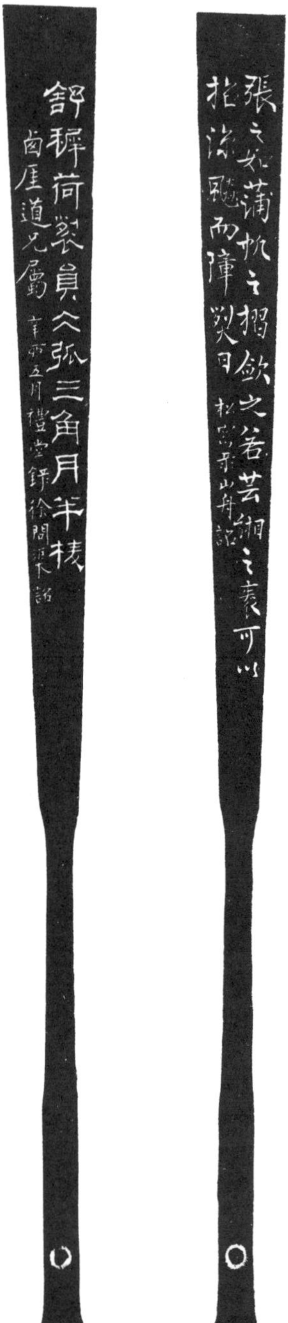
張之如蒲扇之摺斂之若芸緗之裹可以
舒稱荷裂員之弧三角月半椽

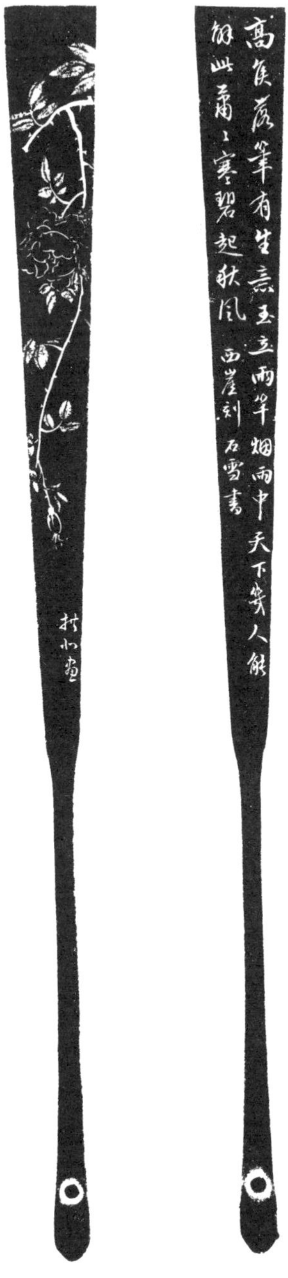

歲朝圖
壬戌除夕季白兩畫因記齋中所見寫之 拱北

催花已奪唐宮巧留得寒香送舊年除夕山齋深雪裏
牡丹梅菊各爭妍
北樓書西厓刻

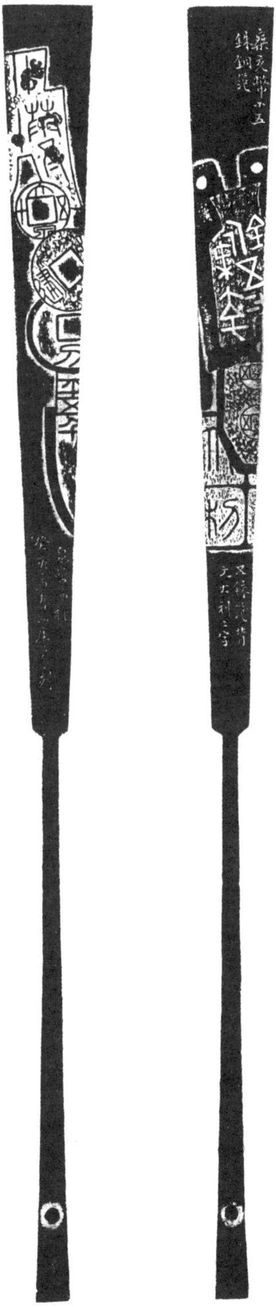

霏漠、落消、春融冶秋鮮妍觸即碎潭下月拭不
滅玉上煙 唐吳融句 西崖為北樓刻
擷芳林下搖翠巖邊領下采珠難求十斛管中
窺豹但取一斑 帚莊文 西崖刻

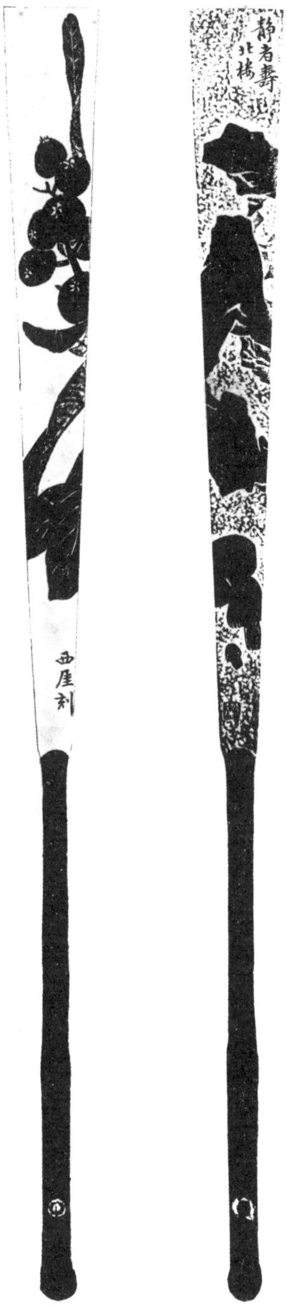
西厓刻
靜者壽
北楼

老來詩筆不能神未有桃源可避秦却羨周郎工樂府
偏將忠義動詩人 四豈作

天女姮娥意不經奇情何必逐離形尋常衣袂移人
處只許靈珠見性靈
孝胥

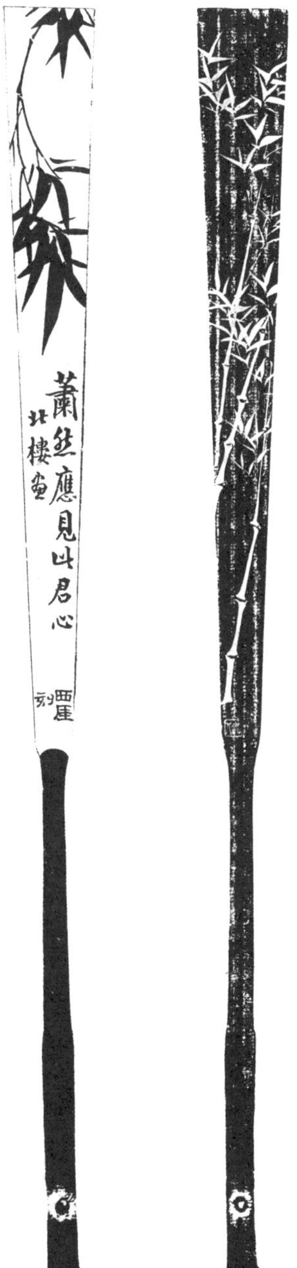

蕭然應見此君心
北樓畫
西厓刻

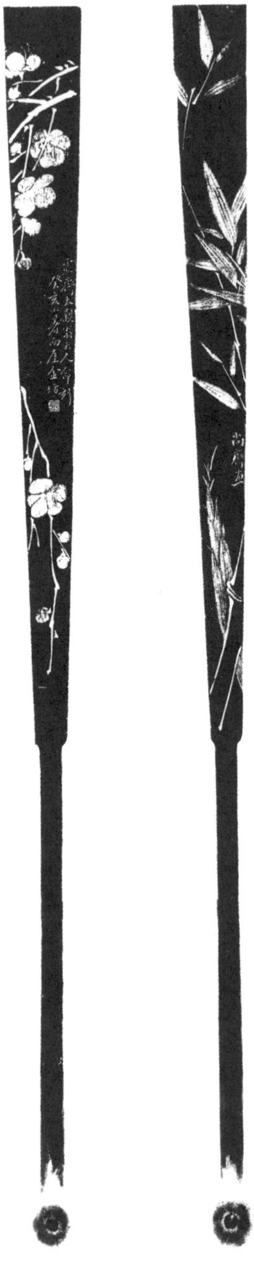

北樓畫西厓刻

翩翩
癸亥長夏午睡醒來製此

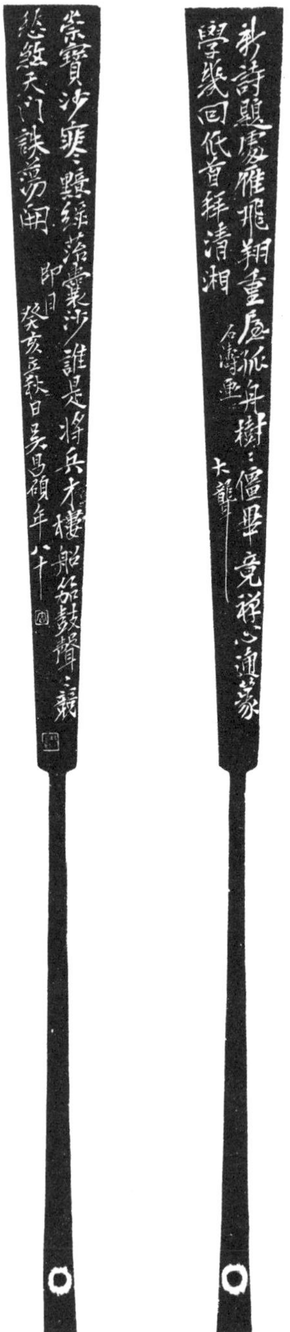

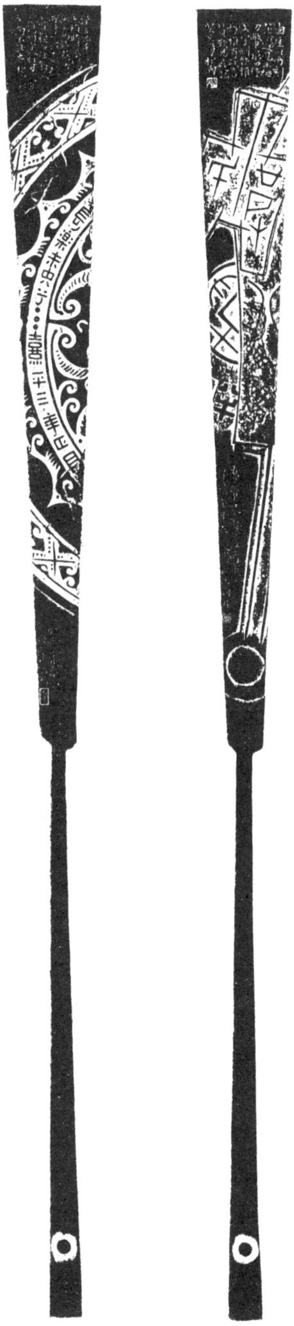

美人風格比梅華
癸亥涼秋八十老人吳昌碩書西厓刻

層巘晴雲
癸亥夏仲高年
仿松雪画西厓刻

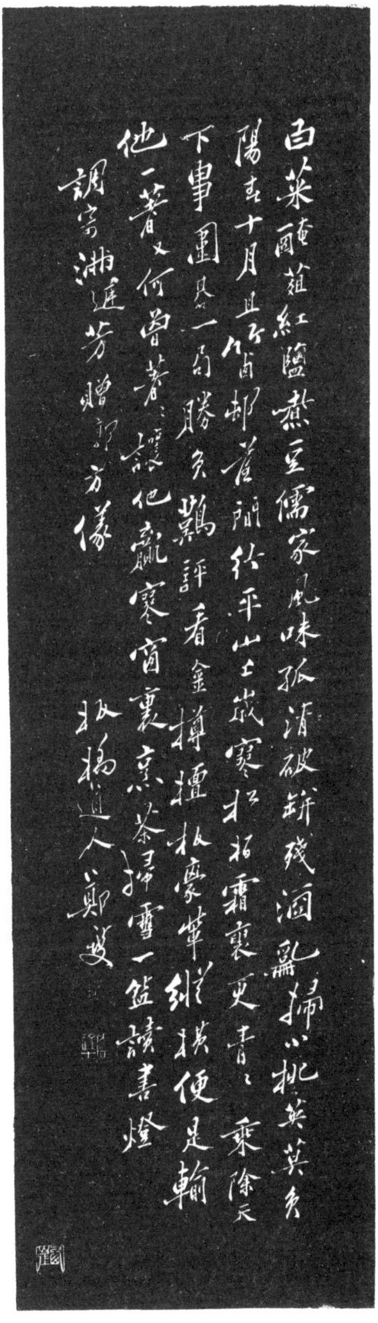
白菜醃菹紅鹽煮豆儒家風味孤清
板橋道人鄭燮

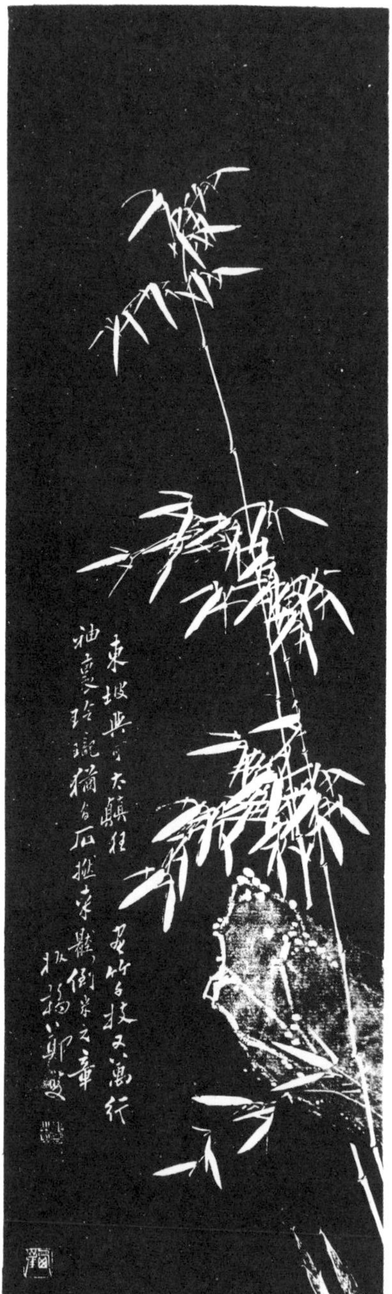
板橋鄭燮

讀書人古狂鍊石天漏補行行重
行行尋著乾淨土
癸亥秋七月為
缶翁畫像王震
西厓刻

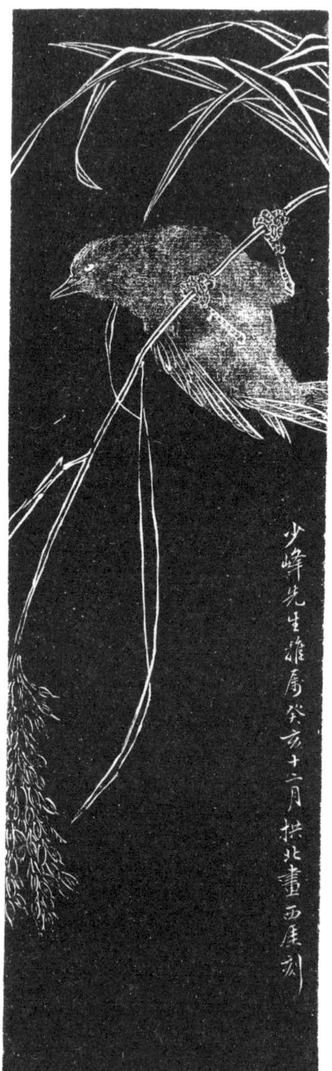
少峰先生雅屬癸亥十二月拱北畫西厓刻